图书馆信息化建设与服务创新研究

魏奎巍／著

吉林出版集团股份有限公司
全国百佳图书出版单位

图书在版编目（CIP）数据

图书馆信息化建设与服务创新研究 / 魏奎巍著. --
长春 : 吉林出版集团股份有限公司, 2021.3
　　ISBN 978-7-5581-9837-3

　　Ⅰ.①图… Ⅱ.①魏… Ⅲ.①院校图书馆—信息化建
设—研究②院校图书馆—图书馆服务—研究 Ⅳ.
①G258.6

　　中国版本图书馆CIP数据核字(2021)第040250号

TUSHUGUAN XINXIHUA JIANSHE YU FUWU CHUANGXIN YANJIU

图书馆信息化建设与服务创新研究

| 著　　者 | 魏奎巍 | 责任编辑 | 刘晓敏 |
| 出版策划 | 孙　昶 | 封面设计 | 雅硕图文 |

出　　版	吉林出版集团股份有限公司
	（长春市福祉大路5788号，邮政编码：130118）
发　　行	吉林出版集团译文图书经营有限公司
	（http://shop34896900.taobao.com）
电　　话	总编办 0431-81629909　营销部 0431-81629880/81629881

印　　刷	长春市华远印务有限公司	开　　本	787mm×1092mm　1/16
印　　张	8	字　　数	150千
版　　次	2022年6月第1版	印　　次	2022年6月第1次印刷
书　　号	ISBN 978-7-5581-9837-3	定　　价	68.00元

印装错误请与承印厂联系

目　　录

第一章 图书馆的信息化建设

第一节 电子图书馆

电子图书馆，是随着电版物的出现，网络通信技术的发展，而逐渐出现的。电子图书馆，具有存储能力大、速度快、保存时间长、成本低、便于交流等特点。光盘这一、能够存储比传统图书高几千倍的信息，比微缩胶卷要多得多，而且包括图像、视频、声音等等。

电子图书馆，里面收藏的不是一本本的印刷在纸上的图书，而是以电子形式储存、检索文献信息，从而为公众提供服务的图书馆。

电子图书馆，是随着的出现，的发展，而逐渐出现的。电子图书馆，具有存储能力大、速度快、保存时间长、成本低、便于交流等特点。光盘这一、能够存储比传统图书高几千倍的信息，比微缩胶卷要多得多，而且包括图像、视频、声音，等等。

利用电子技术，在这一种图书馆，我们能很快地从浩如烟海的图书中，查找到自己所需要的信息资料。这种图书馆，保存信息量的时间要长得多，不存在霉烂、生虫等问题。利用网络，在远在几千里、万里的单位、家中，都可以使用这种图书，效率极高。

电子图书馆就是通过电子媒介进行服务的图书馆。作为图书馆的一种，必须要具备图书馆的职能，信息储备和信息提供。首先要有信息资源，包括报纸、期刊、图书、学位论文、会议论文、病例档案、工作报告等，当然这些必须是数字化的。然后要具备检索及导航功能，让用户可以找到所需要的信息。最后要有信息服务与提供功能，让用户能够获取（检索、阅读、下载……）这些信息。

建立说起来容易，但做起来非常困难，需要收集海量的数据资源、各类数据库等等，当然，更需要大量的资金支持。个人是没有能力办数字图书馆的。即便是可以从网上下载一些书刊资源，也需要海量存储、服务器等设备支持，而且还可能涉及授权问题。但作为个人可以办一个信息服务网站，对某个特定专业或学科进行导航服务，也会受到用户的欢迎的。没准哪天会发展成为著名的商业网站哪。

第二节　虚拟图书馆

虚拟图书馆是指通过计算机技术实现的具有传统的基本功能的网络实体，可以实现跨地域跨时空的信息采集和管理。

一、产生背景

数字图书馆（Digital Library DL），是进入90年代以后产生的一个全新的概念。随着计算机技术的迅猛发展，特别是网络技术、数码存储与等的全面普及，使得人们对文献信息的加工、存储、查询、利用等方面有了新的要求。因此，数字图书馆也就应运而生。数字图书馆是一个驱动多媒体海量数字信息组织与互联网应用问题各方面研究的技术领域。简单地说，几乎图书馆的所有载体的信息均能以数字化的形式获得，包括所有联机采购、编目、公共查询；对各种信息资源的检索，通过网络组织读者访问外界数字图书馆和文献信息数据库系统，如，声像资料、影视片、资料等；用计算机系统管理图书、期刊等的读者服务；图书馆利用网络连接到全球各个角落，让人们很方便地共享资源。

二、功能特征

数字图书馆具有同传统图书馆不同的功能和特征。在馆藏建设，读者服务等方面都有了新的发展。由于数字图书馆以网络和高性能计算机为环境，向读者和用户提供比传统图书馆更为广泛、更为先进、更为方便的服务，从根本上改变了人们获取信息、使用信息的方法，较之传统图书馆具有很大的优势。

传统图书馆的馆藏载体主要是纸质文献，与之相比数字图书馆对藏书建设的影响，首先表现在图书馆"馆藏"的含义已被扩展，不仅包括不同的信息格式（如磁盘、光盘、磁带等），还包括不同的信息类型（如书目信息、全文信息、图像、音频、视频等），因而使得数字图书馆将不再受制于物理空间，它们所能收藏的书刊等资料的数量也将没有空间制约。传统图书馆中常常进行的一些手工操作，如装订、上架、归架及核点书刊等，在数字图书馆时代将会消失。另外，数字图书馆还能有效地解决传统图书馆中破损、遗失、逾期不还等各种问题。

三、检索方法

从检索方式上看，用传统的检索方法，读者往往要在众多的卡片前花费不少时间，颇使借阅者感到不便，查全率和查准率都难以提高。而数字图书馆则是依托于数据库界面友好的搜索引擎，使读者能更快、更准确地进行检索，为读者带来极大的方便。

数字图书馆能实现资源共享，使异地信息本地化。数字图书馆的阅读空间不再局限于屋里的阅览室，通过计算机网络可以把大量的网络信息资源传送到用户的家里或办公室内，用户可以同时存取不同地点的数字图书馆信息资源，从而也加强了与读者的沟通。

四、现实意义

数字图书馆的建立为实施科教兴国战略和提高全民族素质提供强有力

的文化基础支持。数字图书馆工程将会根本改变中国文化信息资源保存、管理、传播、使用的传统方式和手段，克服中国文化信息资源得不到有效利用和共享的弊病，为知识创新和两个文明建设营造一个汲取文化信息的良好环境。特别对信息不畅通和文化比较落后的地方，只要联通数字图书馆的网络系统，都能方便地使用丰富多彩的文化信息资源。

中国数字图书馆工程是跨部门、跨行业和跨世纪的大型高新技术项目，它的启动必将带动相关产业，特别是信息产业和文化产业的发展，并通过知识的有效传播，最终关联到各行各业，从而产生巨大的经济效益和社会效益。

数字图书馆建设对于我们最重要的一点是建立以中文信息为主的各种信息资源，这将迅速扭转互联网上中文信息缺乏的状况，形成中华文化在互联网上的整体优势。并通过传送到世界各地，扩大中华文化在全世界的影响，为人类的文明进步和发展做出应有的贡献。

第三节　复合图书馆

"复合图书馆"一词最早由英国图书馆学专家苏顿（S.Stton）于1996年提出。他将图书馆分为连续发展的四种形态，即：传统图书馆、自动化图书馆、复合图书馆与。他认为在复合图书馆阶段，可以实现传统馆藏与数字馆藏的并存，但两者的平衡越来越倚重数字型，因为用户可以通过图书馆的服务器或网络自由访问跨地域的分布式数字化信息资源。在国内，先生也于同年提出了传统图书馆、自动化图书馆、数字图书馆要共存互补的观点。

复合图书馆，也叫作混合图书馆。复合图书馆也称混合图书馆，是传统图书馆与的并存形式，也是从传统到数字图书馆的一个过渡阶段。在复合图书馆中，信息资源、信息载体、技术方法、服务规范、服务对象、服务手段、服务设施、服务产品等都是复合的，即传统与现代并存。这是信息技术以及网络技术快速发展下的产物。在这一大环境下，图书馆内将传统的技术及设备和信息技术相互融合，融合之后相互作用之下形成复合的图书馆。复合图书馆吃以科技为背景的一种特殊存在的形式状态。复合图书馆中的复合两字指的是将图书馆的传统技术与网络时代背景下的网络信息技术相互融合。它包含图书，报纸以及期刊等印刷类型的文献同时也包含了许多网络资源，联机存取的各种信息化资源。这些数字化的虚拟文献与传统的文献相互融合。目前许多高校都在积极的建设复合图书馆，这是适应时代的要求。在建设的过程中，需要对复合图书馆的特点以及可行性的方案进行深入的研究，使得新建的复合图书馆能够更好地为高校的发展以及学生服务。

一、复合图书馆概念及其特点

（一）复合图书馆概念

复合图书馆这一概念，最早是在1996年。有因果的图书馆学家苏顿所提出的。在苏顿的理论中，他把图书馆的发展分为四个连续的阶段。即传统图书馆导致动画图书馆再到复合图书馆，以及数字图书馆。在苏盾有关于复合图书馆的理念中，他是这样认为的。印刷好的文献以及数字化的文件刚开始是处于一个相互平衡的状态，最后又偏向于数字化的文献。所谓复合图书馆，就是说印刷文献以及数字化的文献，两者是在一个比较长的时间内是可以共存的。用户不仅仅可以看到本地纸质的文献，还可以通过网络来单看和获取异地的一些文献也就是数字化的文献。英国研究学者穆里在相关研究中曾给复合图书馆做出以下定义，他认为在一个机构框架内，不依赖存放地点，载体形式以及管理范畴，以及城的和因地制宜的方式，提供对广泛信息服务利用的一种管理环境。而在我国，有关于复合图书馆的研究相对较少，起步也比较晚。最早的研究是在2000年台湾的学者顾敏对复合图书馆做出相关理论说明。就是传统的最大的图书馆设备和技术被新的网络和信息技术所武装，可以更快捷的成分发挥图书馆的功能释放初更富有活力的图书馆。在前人研究的基础上，综合性的兑付和图书馆做出新的定义，他认为复合图书馆是在一个机构框架内，以传统的图书馆为基础，实现传统图书馆与数字图书馆共存互补并有机结合为一个整体。他是实体和虚拟的结合他围绕信息储存的物理场所和信息空间他应用信息技术网络技术数字技术以及传统技术根据版权法的相关规定对印刷行数字化和网络信息资源进行收集组织转化管理，实现一体存取。为信息用户提供馆内服务和不受时空限制的网络服务。黄棕中的定义从某种意义上来说将传统的图书馆复合图书馆印及数字化的图书馆进行了相关说明，并写陈铭他们之间的关系，综合性的阐述了印刷行文献和数字化文献相互转化，相互融合的存在形态。

（二）复合图书馆的特点

我们对复合管的特点研究要从复合图书馆所涵盖的一些内容谈起。复合图书馆是将传统的图书馆和数字化的图书馆相互连接在一起的综合体，所以我们说复合图书馆，它同时具有传统图书馆和数字图书馆的特点。复合图书馆的特点之一是，其框架里面的信息载体比较多样化。复合图书馆的，既包含报纸、期刊、书籍等纸质的印刷文献，同时也包含以磁盘和光盘等载体所存储的数字化的文献，具有多种多样的丰富文献资源。复合图书馆的第二个特点是：它可以实现印刷型的。纸质文献和数字化的虚拟文献共同存在。同时可以相互转换。在不违反版权法的前提条件下。可以将纸质版文献凭借扫描的方式。来上传到图书馆的网络端使其变成数字化的虚拟文献。反正也可以讲虚拟的文献，通过下载的方式打印出来转换成为纸质版的文献。第三个特点是图书馆的资源可以不受时间和空间的限制。也就是说，纸质版的文献资源可以通过扫描，和拍照等方式来传送到都说管的网络端口。为用户提供便利。使其不受时间和空间的限制。这样就打破图书馆的实际地点的限制以及时间的约束。复合图书馆的第四个特点是指用户可以根据自身的使用情况来对文献进行"获取"或者"拥有"。"获取"指的是复合图书馆，将馆内的一些纸质文献资源通过扫描的方式上传到网络端，供更多的用户使用。并且可以根据自身的需要，从网络端筛选出自己所需要的文献资源将其转化成为数字化的文献。复合图书馆的固定用户可以在一定的权限内对文献进行下载使用。"拥有"指的是在复合图书馆那，按照购买计划，将实体的印刷的纸质版文献定期购买。这里包含期刊以及纸质版的图书，以此来充实图书馆内纸质版文献的资源。在实际的工作中，纸质版的实体文献已经较多。而虚拟化的文献较少，所以官方给出建议是将的数字化网络文献为主要文献资源，可以适当减少的纸质版实体文献资源。第五个特点是存在类似的服务平台以及线上线下统一的使用平台。这里服务平台指的是图书馆内纸质版文献的浏览和借还平台，线上线下的使用平台指的是复合图书馆内虚拟的文献资源的下载以及阅读使用平台，在大部分高校，复合图书馆的服务平台存在于实体的图书馆内，线上线下的使用平台都存在于学校官网上或是其他网络化的平台界面内。

二、建立复合图书馆的原则

在不同的高校内，图书馆的各种资源的需求以及文献的特色不同，所以在建立复合图书馆是要从以下几个重要原则出发。

（一）优先原则

数字化的网络文献是多种多样的，或大或小的存在于在线数据库中，使用携带方便，并且不受时间及空间的约束，很方便，但其缺点是不稳定，当发现更好地数字文献资源时必须及时将有用的信息进行下载并且，这样才可以很好地供用户使用，并且要及时不断地对网络虚拟文献进行更新，陈旧的文献也要进行归类保存当用户需要下载和使用网络虚拟文献时，要以版权法为前提，必须遵守相关条例和规定。无论是什么样的文献，都是其作者倾尽心血、全心全意努力工作的劳动成果，在用户需要使用文章的时候，必须经过作者的同意或者付出一定的费用后再使用。假如不遵守版权法的相关规定，擅自下载或是参考别人的文献，这时，文献的作者或者是相关机构有权向违者追究一定的法律责任。要以此为基础，对高校内部具有特色的文献资源采取数字网络化的形式进行有效保管。我们以医学相关的高校为例，要将具有校园特色的且价值意义比较高的医学书籍、药典以及相关的重要手术图谱，重要的交流资料及论坛文献进行优先系统化的数字化存储。

（二）重点原则

例如，对于医学院校来说，美国国家医学图书馆开发的生物医学信息检索系统PUBMED文摘数据库是必备的，另外EBSCO全文数据库和Springer

Link全文数据库由于收录范围广，收录学科全面，免费下载的医学论文非常多，师生使用频繁，医学院校图书馆应该重点引进。如果是在购置经费不足的情况下，应着重购买中文核心数据库和少部分外文核心数据库。

对于大多数高校来说，中文核心数据库应用最为广泛，如cnki、万方数库、维普数据资源库等，这些资源库涉及的领域非常广泛。这几个数据库对于论文的撰写以及搜索课题新主题都能提供很好的参考价值。外语数据库对老师、专业研究人员、博士生和研究生能提供更广泛更有价值的参考资料。比如，在医学高校内，由美国国家医学图书馆的所研发的生物医学信息检索系统PUBMED数据库至关重要，这是医学研究必备的一个数据库，另外EBSCO全文数据库和施普林格链接全文数据库可以进行大范围的收集，收集的学科广泛，综合医学论文可以免费下载，老师和学生经常使用，医学高线应注重引入此类图书馆。在收购资金不足时，应该侧重于对中国核心数据库及少部分国外核心数据库的购买。

（三）精选原则

经过许多年的发展和积累，大部分高校图书馆的纸质版文献存储数量已经达到了一定的数量，这使得许多纸质的文献缺少存放的地方，假如想更好地放置大量的图书，就必须很好的对图书馆进行重新规划或者扩大建设，从某种意义上来说，这就造成了一定的浪费。印刷文献集合的复合图书馆时代，纸质版的文献储藏可以在数量上进行控制，在购买相关文献资源时一定要保证文献的质量，在购买之前做好计划提，在教师和学生中做好调研工作，让教师和学生直接提供图书馆内没有一本书或作者的信息，然后再进行购买。要保证纸质文献和数字文献的收集比率。纸质版的文献和虚拟的文献要能够包含尽量全的文献资源，要尽量避免重复。要不断扩大充实数字化文献的收集比例，对纸质版的文献应该不断缩小，重点抓好纸质版重要文献的收集工作。

三、复合图书馆纸质文献资源建设的主要措施

纸质版的文献资源，在经历了多年的收藏积累以及建设，大多完全形成

了比较大的规模，由于存放空间有限，纸质版的文献在购买时应该有一定的目的性，缩小购买范围，在购买之前，应该进行问卷调查，采取多种多样的方法对学生和教师的需求进行深入详实的了解，能够真实地了解要学生和教师对参考书目的需求及真实使用情况，要定期对现有的馆藏纸质版资源进行了解，确保现有的文献资源是否能够满足师生需求，并且要对纸质版文献的满意度进行调查，并且做出相应调整。

（一）常用工具书采用在线方式使用

高校图书馆收藏数量较多的书籍比如英汉词典、汉英词典以及现代的汉语词典和其他参考用书，鉴于其比较厚重，纸质版的词典占据了很多空间，但是这些都可以利用电子词典上的相关信息以及手机应用程序都可以容易得查找，故这些厚重的工具用书原则上要控制购买数量。再者，大部分相关的地理信息，比如旅游指南以及旅游地图，这些信息都可以容易得在智能手机应用程序或专业的互联网搜索引擎，如百度网站等找到，鉴于此，此类相关的书籍应该尽量减少购买数量，工具用书以其出版周期较短、存储密度高、更新速度快、易存取、易复制、携带方便、可远程存取等优点受到大家的广泛欢迎。综上所述，工具书应该推广使用在线使用的方式。

普通的学术期刊比较容易获取，我们可以通过手机端和电脑网络端获取，所以应该考虑将普通期刊的数字化程度加快，将大多数的期刊数字化，只是购买数字化的版本。更多的应该转向购买和收集数字期刊，甚至购买一般学术期刊的数字版权。对于核心学术期刊来说，由于利用率较高的参考且具有比较大的保存价值的，纸质版文献和数字化的资源的双重模式的构建，这不仅符合线下实体和网上虚拟图书馆的需求，不用考虑时间和空间的页数。同是也可以对核心期刊资源进行长期保存，这点也符合核心期刊的保存需要。针对普通的期刊及图书，可以购买纸质版本来增加图书馆的藏书量，但是同是应该考虑数字图书的比例应逐步提高，并且以适当的方式逐渐引导用户逐步适应数字化的图书馆，不断优化，带给其更好地体验。针对一些使用率和下载率较高的读本，应该采取印刷纸质版的书籍和网络虚拟版本的图书共存的形式来储存在图书馆内，这些反复借阅的图书，可以反映出一所高校的图书馆内书籍的重要特点，同时也是这所学校馆藏的精华所在，要单独将此类书进行重点保存，使其能够更好地长久的服务于高校，服务于老师和学生。

（二）时事、文学与通俗类文献缩减规模

在众多的读物中，文学和通俗文献都是供读者参考和简单学习，或者是娱乐的，一些通俗读物、传奇小说、科幻读物以及时政新闻报刊，还有许多学科的习题集和参考用书，还有一些课程如计算机和专业技能培训的参考书，这些相关的文献更新快并且具有较小的学习参考价值，其收藏保存的价值较低，并且占用图书馆内较大较多的空间，针对此类书籍应该减少购买量，同时为满足读书的需求可以适当地增加其数字化的比率。通过查找和阅读不同地方的门户网站和专业网站新闻，可以获得更多的实证消息，比如较大时政网站有凤凰新闻和网易新闻等。也有很多文学阅读网站，如新浪阅读和搜狐书店等等。也有很多关于学习的网站，尤其是关于学习视频的网站，它们比单纯的阅读更加生动直观。随着信息技术的发展和时代的进步，对用户阅读习惯产生了巨大的影响，数字化的文献资源慢慢取代了许多类似的纸质书籍。

四、复合图书馆数字化文献资源建设具体措施

数字化文献资料具有普通纸质文献资料所不具备的一些优点，比如信息存储量大、通信方便、收藏便捷、占用空间小和时间、空间局限小等特点。在当今时代，数字化的文献已经成为高校师生，是进行科学研究学习以及教学的重要文献参考。复合图书馆是图书馆在信息时代背景下发展的产物，是现今高等院校图书馆必须重点考虑的内容。关于数字化文献可以从以下几个方面建设。

（一）建立全文数据库

由于全文信息数据库所包含的资源比较多，故其价格也比较高。不同的高校可以根据本校图书馆的特点来对数据库进行购买。而至于中文数据库，可以根据所在学校或者研究院做的实际使用情况来进行购买。高校的图书馆

或者科研机构，不要总是一的追求资源的广泛和全面。要有选择性，有针对性地选择精华的文献资源。要将学校内部老师和学生所需要的文献资源及课程相互融合起来。如此一来，不仅仅对教学有利，而且可以很好地为科研提供帮助。与此同时，高校还要注重外文数据库的建立。建议师生在学习的过程中可以使用一些比较 重要的数据库，高校还要将学校的课程，专业特色相结合。将外文数据库中比较专业的和本校课程特色相吻合的一些数据库进 行有效地引入。

（二）扩大数字图书规模

在许多高校往往倾向于购买核心全文数据库。他们总是认为自己学校的图书馆内的藏书已经足够多了。所以，没有购买数字虚拟图书的必要。但是实际情况是，高校内实体图书馆内实体藏书的数量是有限的。教师教学所需要的参考书自己学生所需要的不同学科的辅助性教材还有许多比较边缘化的图书。在图书馆那不一定会被收录或者购买。而这个时候，数字图书馆就

可以充分发挥其作用，可以补足实体图书馆的书籍有限的短板。在日常的学习中，老师和学生经常使用的数字化图书馆。许多高校的图书馆还根据学生的不同需求来订购相关书籍。图书馆的工作人员会，集中的面向老师和新学生来征求他们的意见和建议。将所收集到的老师和学生建议购买的书籍，或是在日常的工作中所使用的较多的数字化，再通过一级一级的收集以及筛选之后，学校的相关部门会择优进行购买。此外，值得注意的是，当今有很多的图书，尤其是英语阅读书，以及计算机类相关的图书。他们在书的每一册里都会附上光盘。在大多数情况下，图书馆为了保证光盘的完整性，避免其丢失，都会在使用者借出之前将光盘提前取下，只借阅书籍。但是现在看来，这种做法是不提倡的。图书馆可以将这些随书附赠的光盘也进行编录。和图书绑定在一起出借。另一种方法是有相关的部门将所有的光盘都取下，然后进行统一的录入和复制。将其统一传送到学校的官网上。用户在需要的时候可以根据目录自行查找下载使用。这些都是比较好的一些建议。

（三）加大数字化文献资源共享及馆际互借力度

由于核心全文数据库所包含的文献资源数量多。其价格也比较贵。而实

际情况中有的图书馆规模比，且经费不足。不具备购买力。在这种情况下，进行资源共享，或者实行不同图书馆之间的互相借阅。在刚开始的时候，已经设想过图书馆之间的资源共享以及互相借阅。但是由于各种原因一直没能很好的实施。这些原因涉及自身利益以及内部投资。所以图书馆之间仍旧保持自身资源的利用。没有做到很好的资源共享。但是就目前情况而言，实现高校之间的资源共享以及馆际互借这是师生的需要以及时代发展的迫切要求。在新形势下，各个图书馆可以联合起来，一起购买核心全文数据库。有关于费用问题可以互相平等，或者是每个院校的下载量来统计费用。如此一来，不仅仅可以实现资源共享。也可以做到公平公正的资源利用。比如某师范大学的图书馆充分利用自身优势，和当地的图书馆以及兄弟院所图书馆一起联合。签订资源共享以及关键部件的相关协议。只要是任何一个图书馆的用户，都可以凭借自己的借书证，来实现线上数字虚拟文献的资源共享。在实体图书馆中，来自不同图书馆的用户都可以凭借自己的借书证方便借还图书，这就实现了某个地区内部图书资源的共享。

第四节　数字图书馆

数字图书馆于2017年12月1日正式规定标准英文名为Digital Library。数字图书馆是一个以数字信息资源为核心，并且拥有专业人员和数字技术处理等相关技术的组织，这个组织把不同载体、不同地理位置的各种传统图书馆的图文并信息资料以数字化的存储格式通过网络可进行信息收集、整理，并提供智能化的调用、存取、翻译、传播等功能，并保证其永久性和完整性，便于跨区域、面向对象的网络查询和传播。数字图书馆涉及信息资源加工、存储、检索、传输和利用的全过程，使得这些数字化格式的信息资源可以被快速且高效地被特定的用户所利用。简单来说，数字图书馆是一个没有围墙的、虚拟的、可以存储海量信息资源的集合，是基于数字时代下，利用互联网实现插入、删除、修改、检索、提供访问接口信息保护等共建共享的可扩展的知识网络系统，是国家信息基础设施的核心。数字图书馆最大的特点是服务功能，且具有规模大、分布广、便于使用、不受时空限制、跨库无缝链接与智能检索等优点。数字图书馆虽然拥有众多优点，但是它与传统图书馆有着相同的职能，目的都是为了信息的利用。

一、技术简介

数字图书馆是一门全新的科学技术，涉及计算机技术、通信技术、网络技术、多媒体技术、组织技术、检索技术、数据存储技、个性化制定、信息安全、运行管理技术等众多技术的支持。本节着重介绍数字图书馆集成技术、学科信息导航技术、信息推送技术、智能代理技术以及异构检索技术等核心技术。

数字图书馆的集成实质上是让不同的网络不同的设备以及不同的产品进行互联。其中系统调节与优化成为数字图书馆系统集成技术的难点。因此，数字图书馆系统集成可以定义为将硬件平台、网络设施系统、软件工具及相应的应用软件等集成具有优良性能的计算机系统的全过程。

图书馆学科信息导航技术可以方便快捷的为有关用户整合某一专题的信息资源，便于用户查询使用，从而节约用户群体的查询的时间，提高信息资源的利用时效。

数字图书馆智能代理技术是一项类似于模仿人执行任务的工作模式，包括个性化信息库创建、管理信息、信息自动发布、智能搜索、浏览导航等功能，这些功能在执行任务的时候很少需要人的干预与指导。

图书馆异构检索技术也称为库检索，一站式检索、多数据检索等将庞大的信息资源借助单一的检索接口进行集成，整合处理等统一的检索方法，形成统一的检索结果，并按用户需求的方式进行服务。

二、研究背景

随着人类的进步以及信息的快速更迭，各种形式。各种类型的存储信息量越来越大，传统的图书馆运行模式已经不能满足信息的传递与保存等需求。20世纪90年来，随着网络信息技术、数据检索等技术的发展，数字图书馆引起了人们的普遍关注，各国政府都投入了大量的人力、物力、财力发展数字图书馆，并把它作为教育、学术研究、文化传承、商业以及国家信息基础建设的核心。以美国为首的数字图书馆在各国发展与建设也是日新月异，我国各类图书馆在跨平台、跨系统、分布式、异构等环境下积累了丰富的经验，但是纵横交叉的各类数字图书馆资源膨胀式增长对图书馆的高校利用带来了挑战。

如何扩大图书馆影响范围、提高数字图书馆数字资源的利用率和复用率、如何提升查询结果集成度、提升用户的知识服务与资源服务，更好地满足客户群体需求，是当前的研究热点问题，也是数字图书馆研究的出发点和最终目标。

数字图书馆是传统图书馆在信息时代的发展的产物，他与传统图书馆具有相同的职能，它还具有传统图书馆不能实现的更多功能，并且还可以融合其他信息资源（如博物馆、档案馆等）的一些功能，提供综合的公共信息访问服务。

可以说，经过几年的建设发展，我国图书馆建设将以数字图书馆为社会的公共信息中心和枢纽，实体图书馆为补充，数字化将是图书馆的发展的目标和未来趋势。

三、基本组成

数字图书馆是一个以数字信息资源为核心，数字技术处理等相关技术与数字化格式存在的图文信息数据共同组成的，它是一个范围广、技术性强的服务系统，数字图书馆是由现代一定规模并从内容或主题上相对独立的数字化资源。

一整套符合标准规范的数字图书馆赖以运作的软件系统，它主要由以下几方面组成：

（1）分布式计算机网络系统

（2）以数字化格式存在的图文信息资源

（3）网络数据信息通道

（4）浏览器

（5）访问与查询引擎

（6）终端

（7）标准规范及法律法规

四、主要优点

（一）方便、快捷、无时间限制的获得海量的信息

数字图书馆是把信息以数字化格式加以储存，因此它所占用的空间小，而且数字化的文献不需要副本，许多人可以同一时间共享同一个文献资料。其次，用户可以没有时间限制和地点限制，只要连接有互联网的电脑设备就可以快速的检索、传递所需要的文献，免去了传统图书馆要去指定地点办理借阅手续的程序。最重要的是，数字图书馆可以使用户获取更加全面的资源信息，用户群体可以没有地域界限可以获得许多珍贵的资源。

（二）信息查阅检索方便

传统图书馆在查阅资料时，由于图书资源比较丰富的、分散的，需要经过检索、找库存、找序列号、找图书等多个步骤，往往给用户带来不便。而数字图书馆都配备有专门的图书查阅系统，读者通过检索一些关键词，就可以获取大量的、全面的相关文章信息。

（三）提供专题信息服务

数字图书馆可以让用户完善自己的个人资料，讲用户群体个人的爱好、需求等专题资料内容收集进信息库，这样信息库就会将最前沿的、最有价值的读者需求的专题资料递送给用户，为用户提供个性化的服务。

五、发展现状

随着科学技术的飞速发展，我国进入了信息化时代，数字图书馆成为当代图书馆发展的必然产物。不但是国家信息基础设施的核心，也是未来物理图书馆重要的组成部分。

相比欧美国家，我国数字图书馆起步较晚，但发展的步伐比较快，理论研究与实践探索都呈现出了方兴未艾的蓬勃局面。在馆藏建设、功能、特征和用户服务等方面都有了新的发展和长足的进步，特别是在图书收藏量更为广泛，我国目前的数据库量已经占世界数据库的10%，先进的体验方式、人性化的服务，这些优势足以说明已经根本上改变了人们的阅读方式和获取信息的渠道。但是与欧美以及日本的数字图书馆的发展程度像相比较，还有10至20年的发展差距。目前，我国的数据库主要有中国数字图书馆、中国期刊网、人大报刊复印数据、新华财经网、中国知网、方正、万方等数据库。从等方面进行分析比较，对我国当前数字图书馆发展现状做综合评述。

（一）制作技术

我国数字图书馆自20世纪90年代起开始发展，在制作技术上主要采用的是PDG图像扫描技术，此技术成本低、操作简便，但是功能性不强；二代的电子文件制作技术，此技术不仅具有占用硬盘空间小，并且弥补了一代PDG图像技术功能性不强、显示效果不足等缺陷；

（二）收录资源

数字图书馆与传统图书馆对比最大的特点就是收录海量的数字化格式信息资源的同时，占用较小的空间内存，大大节约了图书馆的建设面积。目前我国几大数字图书馆收录图文书籍二十多万册，比如书生之家数字图书馆不仅收录了20世纪以前出版的图书，并且收录了近几年国内出版的各类图书资源、报纸、期刊等不同载体的文件进行数字化整合，都体现了我国现代数字图书情报业的发展状况。

（三）用户体验

我国的数字图书馆基本都配备了自动化系统，用户群体可以根据图书名称、作者、关键词等专项检索出需要的文献资料，并且实现了馆际互借服务，向用户群体提供了真正意义上的网络信息化服务。

六、主要问题

（一）资源共享和聚合度不高

随着信息技术和网络教育资源的不断发展丰富，为数字图书馆的发展奠定了基础。但是，由于数字图书馆发展过快，缺乏统一的规划和有效地管理手段，一些地方政府和高校急功近利，盲目的兴建数字图书馆，单纯追求数量而忽视了质量，使得数字图书馆资源聚合存在一定的问题，主要表现在各图书馆管理系统差异造成数据、信息、知识之间相互难以关联进而制约了管内资源更深层次、更大范围的聚合；其次，在管理上，存在缺乏有效沟通交流以及有效地合作途径，使得降低了资源聚合的效率；另外，大量的财力、物力、人力资源耗费在低层次的重复建设上，也失去了数字图书馆建设的意义。

（二）信息版权问题

进入经济和网络时代，版权问题成为数字图书馆的最关键基础问题，对着我国近年来现行法律的较大幅度调整和修改，中国数字图书馆主要通过与电子书版权拥有者或者版权代理机构签订合作协议的方式解决版权问题，或者有些图书馆直接与出版单位和作者签订双重协议，但目前，如何彻底解决版权问题仍是困扰着我国数字图书馆建设发展的难点，如何处理好数字图书馆中大量图文信息资料、作品成为急需解决的问题。解决海量版权问题要兼顾好传播新知识、新技术，弘扬中华民族文化交流与保护作者和合法权益人的正当权益，平衡双方利益。

（三）建设资金问题

数字图书馆的建设是一个长期的、系统的、浩大的工程，建设必然会涉及大量的人力、物力和财力。不但包含硬件设施的建设，如网络布线、占用大量空间的信息资源所需的硬盘以及数字图书馆的建设维护，还需要购置大量软件资源，并且还涉及数字化资源的更新、版权的签订资金、人员培训等等，这些方面都需要充足的资金作为实施后盾。但目前，我国的数字图书馆工程建设还没与到达稳定的资金来源阶段，经费不足成为制约数字校图书馆发展的重点和难点问题。可以说资金是制约数字化图书馆建设的根本问题，使得数字图书馆建设举步维艰。

（四）人才问题

信息化人才是数字图书馆最急需的人才类型，但是纵观我国数字图书馆工作队伍整体现状，现有的专业知识和技能普遍不能适应飞速发展的数字图书馆需求，同时具备图书情报知识、计算机知识的人员更是少之又少；并且目前的数字图书馆人员存在老龄化等现象，使得图书馆服务欠缺热情、工作缺乏创新成为尖锐问题。此外，数字图书馆对现有工作队伍缺乏系统的、有阶段、有计划的学习和培训，使得工作人员知识结构和服务理念落后，无法适应信息化资源服务的要求，这些成为数字图书馆在推进过程中的阻碍问题。

七、技术研发

（一）技术概述

数字图书馆于2017年12月1日正式规定标准英文名为Digital Library。数字图书馆是一个以数字信息资源为核心，并且拥有专业人员和数字技术处理等相关技术的组织，这个组织把不同载体、不同地理位置的各种传统图书馆的图文并信息资料以数字化的存储格式通过网络可进行信息收集、整理，并提供智能化的调用、存取、翻译、传播等功能，并保证其永久性和完整性，便于跨区域、面向对象的网络查询和传播。它涉及信息资源加工、存储、检索、传输和利用的全过程，使得这些数字化格式的信息资源可以被快速且高效地被特定的用户所利用。通俗地说，数字图书馆就是虚拟的、没有围墙的可以存储海量信息资源的图书馆，是基于网络环境下可以实现插入、删除、修改、检索、提供访问接口信息保护等共建共享的可扩展的知识网络系统，是国家信息基础设施的核心。数字图书馆最大的特点是服务功能，且具有规模大、分布广、便于使用、不受时空限制、跨库无缝链接与智能检索等优点。数字图书馆虽然拥有众多优点，但是它与传统图书馆有着相同的职能，目的都是为了信息的利用。

（二）主要技术

以系统为中心的主要技术：网络通信技术，智能存储技术，信息安全保密技术，信息采集、压缩及数字化技术；

以内容为核心的技术：文献自动采集、片名生成、自动标引等技术，自然语言理解技术，信息资源保存、归档和存储技术；

用户为中心的技术：个性、智能化主动服务技术，信息收藏完整性技术，信息过滤技术，信息隐私技术；

（三）数字研发进程

数字图书馆作为高科技的产物，其发展程度已经成为衡量国家发展水平的标志。数字图书馆的研发水准在全球来讲，美国一直处于领先地位，欧美等西方国家也相继制定了大规模的数字图书馆计划。近年来，我国数字图书馆随着科技的进步，也承受越来越多的关注。

我国数字图书馆起步于1996年召开的第62届国际图联（IFLA）大会是我国召开的第一个数字图书馆的专题会议，这次大会对数字图书馆的概念进行了定义，标志着中国数字图书馆发展的起点。

我国数字图书馆开始建设的标志源于1997年7月的"中国试验型数字式图书馆项目"。

1998年10月，在国家科技部和文化部的支持下启动了"中国数字图书馆示范工程"，自此数字图书馆在中国从逐渐开始升温，标志着数字图书馆工程进入了实质性操作阶段。

在国家科技部的支持和协调下，国家863计划智能计算机系统主题专家组设立了数字图书馆重点项目，这是一个由国内许多单位联手参与的大文化工程。该工程于1999年启动，首都图书馆成为"中国数字图书馆工程首家示范单位"。

1998年12月—1999年3月国家图书馆集中人力、物力研制成功"数字图书馆试验演示系统"。

1999年3月，国家图书馆文献数字化中心成立，扫描年产量3000万页以上。

1999年4月，国务院批准成立了数字图书馆有限责任公司，是为中国数字图书馆工程建设成立经济实体。

1999年底由国家图书馆、中科院、文献情报中心、北大图书馆、清华图书馆等单位合作进行"中关村科技园区数字图书馆群软"课题研究。

2000年6月，亚太地区城市信息化数字图书馆合作项目落地。

2000年7月，中国数字图书馆工程建设联席会办公室成功举办了"数字图书馆应用技术交流会"，标志着中国数字图书馆的启动，工程总投资11亿元人民币，工程期限10年。

2000年11月，在武汉大学举办了首届中美数字时代图书馆与情报学教育发展研讨会。

2000年12月，文化部主持"中国数字年图书馆工程资源建设"工作会议在海南召开，讨论制定《中国数字图书馆工程一期规划（2000—2005年）》，推荐使用资源加工的标准规范。

2001年初，总投资1.9亿元的"全国党校系统数字图书馆建设计划"批准立项实施。

2001年3月，中共中央党校数字图书馆网开通。自此，北京大学、东北师范大学等院校相继成立数字图书馆研究所，在全国范围内掀起了数字图书馆建设和研究的高潮。

2001年5月，国家重点科技项目"中国试验型数字式图书馆"通过专家技术鉴定。中国数字图书馆已经进入初步实用阶段，中国的数字图书馆研究、建设已经初具规模。

八、未来展望

进入21世纪以来，面对信息全球化和文化产业的发展重视，迎来了我国数字图书馆事业发展的新机遇和新挑战，并对数字时代我国数字图书馆事业的未来描绘出各种美好的蓝图，使得我国的数字图书事业进一步繁荣并遥想下一步数字图书馆发展前景和走向。未来，数字图书馆的发展应该重点从以下几方面考量：

（一）功能多样化

21世纪的数字图书馆不仅兼具教育、传承文化、传递科学情报、智力开发能功能，还应该发挥休闲、生产和展示等功能。未来的数字图书馆将汇聚剧院、电影院、健身馆于一体，使人们缓解压力、寻求静谧、优雅空间的场所，图书馆有望成为各种形态的精神产品交换地，借助于图书馆富有的知识信息资源展示个体的价值，建立自己的支撑点，达到相互交流、学习的目的，成为国家文化产业的重要支柱。

（二）服务自助化

通过建立有效地服务机制，增强数字图书馆的能动性，读者服务方式则可能转向自助服务，自助化服务将会悄悄走进数字图书馆。

（三）建筑现代化

随着科学技术的不断进步，数字图书馆内的文献资料收藏空间将会不断缩小，馆外资源虚拟化、智能化，更加强调空间的灵活性。但是，图书馆的建筑规模不会缩小，相应会增加休闲娱乐等功能区，形成文化中心。

（四）管理科学化

图书馆的经营必须要用一流的人才，强调图书馆趋于科学化，图书馆管理者必须谙熟本领域的学科知识，具有前瞻性的头脑、创新的思维和探索的动力。图书馆应该建立法制的制度体系，开创科学管理的新局面，推进图书馆事业健康发展。

数字图书馆的建立过程面临着一些不利因素，但同时又赋予了我们一些力量和机遇。机遇总是和挑战并生，只要我们用于开拓、不断创新、与时俱进，就一定会为我国的数字图书馆事业迎来美好的未来。

第五节　移动图书馆

随着国际互联网、无线移动网络以及多媒体技术的不断成熟，iphone、ipad、kindle等智能电子设备的盛行，改变了人们接收和传递信息的方式，人们可以随时随地通过使用各种移动设备（如：手机、掌上电脑、E-Book、笔记本等）获取自己想要的信息，移动图书馆作为现代数字图书馆信息服务的一种崭新的服务系统，给移动图书馆提供了发展的契机。

一、背景介绍

随着无线网络、3G 技术等为代表的移动技术飞速发展，以及各种各样、功能多样的移动终端受到了图书馆的强烈关注，并引发了学术界对移动图书馆的研究。

移动图书馆（mobile library）的概念首次被提及是在1949年被美国的图书馆协会下设机构（country libraries group），定义为"设计、配备和运作一种运载工具以提供比临时图书馆更加方便、快捷的服务。"移动图书馆最初的功能是为偏远地区的人们提供公共图书馆的服务功能而存在，是为了更好地弥补地区限制造成的功能服务缺陷，但是这种流动性的图书馆很难提供完善的服务功能。

随着移动互联技术的推进和网络通信的发展，1990年美国的专家提出了"电子流动图书馆的概念"，实现了用户直接可以在家中、学校、办公室直接阅读图书馆的信息，自此，移动图书馆实现了真正的意义，破除了地域的限制。

1993年，美国的专家教授提出了"无屋顶图书馆项目"，这一次的项目虽然以失败告终，但是它尝试了使用移动蜂窝通信技术访问电子图书资源，可以说是对移动图书馆的一次突破性的尝试。

20世纪90年代末，伴随着无线电网络技术的逐渐成熟以及移动电子设备（如手机、PDA）等设备出现，可以使用户随时随地，不受限制的接收访问图书馆，实现移动阅读和参考咨询服务，使得传统的移动图书馆概念被打破。

21世纪后，移动图书馆程直线式发展态势，特别是我国移动图书馆发展尤为高效，开展模式和内容丰富多样的信息化服务。2003年背景理工大学图书馆率先推出移动图书馆，后来越来越多的高校及图书馆参与其中，逐渐迎来信息化服务在图书馆事业中的革命性阶段，图书馆界对移动数字图书馆的关注和研究也持续升温。

二、相关介绍

（一）移动设备

移动设备在移动图书馆中扮演着重要的角色，是实现移动图书馆不可或缺的终端载体，加强了图书馆的功能。移动设备的广泛应用使得移动图书馆迎来了革命性的阶段，拓宽了服务方式，用户不仅仅可以从馆藏中获得知识信息，也可以利用移动设备生成数字化学习内容。

随着移动用户群体的不断增长，移动设备在移动图书馆的应用将更加普及和重要，移动设备的出现为用户学习、获取信息资源提供了很大的便利，并且也为现代化教学及教学资源短缺等问题提供了新的途径。

（二）系统平台

系统平台为移动图书馆的正常运行提供了重要支撑和技术保障，目前，移动图书馆的系统平台基本上通过与第三方合作，将数字图书馆的功能通过延伸到移动网络平台，并根据客户的需求研发出个性化的设计应用，从而增加移动图书馆的功能和服务质量。

（三）移动用户

作为移动图书馆的服务对象，移动用户群体的需求、行为、态度及用户选择等成为科研者的研究对象。

在用户需求方面，采用问卷调查法和访谈法对各种类型的需求情况进行归纳、调查分析，并在此基础上提出移动图书馆信息服务的策略和模式，选择最有效地移动技术提供服务。

在用户态度方面，可以利用问卷调查的方法对用户群体使用情况进行调查，并调查用户群体使用移动设备进行移动图书馆相关服务的态度，并分析原因，为移动图书馆的研发和评估提供参考。

三、超星移动图书馆

超星移动图书馆是国家"863"计划示范项目，主要以公益的形式对数字图书馆进行推广。超星图书馆一般涉及有经济、文学、历史、法律、军事、医药等几十个分馆，拥有数字图书50万册。超星图书馆拥有自主知识产权的图文资料数字化技术、超星阅读软件等，用户可在手机、平板电脑等移动设备上自助完成个人借阅查询、馆藏查阅、图书馆最新咨询浏览，并成功用于中央档案馆、中国人民解放军医学图书馆、中山图书馆、深圳图书馆等，海量报纸文章以及中外文献供用户自由选择，为用户提供方便快捷的移动阅读服务。

（一）超星图书馆的特点

1.资源量大

超星图书馆作为全球最大的中文在线图书馆，拥有海量的图文信息资源，包含了人文、历史、法律、经济、环保等五十余种类，总数据超过了30Tb。超星图书馆已经成为国内名副其实的中文图书资源库。

2.阅读自由性高

超星图书馆具有随之阅读、不受地域限制的特点。为喜欢阅读的用户提供了一座没有围墙的图书馆，为人类提供了广阔的平台。

3.专业性强

超星图书馆应为采用的是国际的最先进的PDCT2图像压缩技术，因此，它具有快速和专业的特点。应为超星图书馆是目前最为发展成熟和创意的阅览器。

第六节　智慧图书馆

近几年来，随着物联网、云计算、大数据等新兴技术的发展，并且处于信息化数据大背景下，信息技术已经完全渗透到我们的日常生活当中，信息技术的发展，使得智能技术已经运用到图书馆建设当中，同时为图书馆的转型提供了技术支撑，形成了一种新的智能化。建筑催生了智慧图书馆的出现，智慧图书馆是智能建筑与高度自动化管理数字图书馆的有机结合，受时间、空间限。随着对于智慧图书馆研究的不断深入，智慧图书馆将通过物联网实现智慧化的管理和服务，并且在知识经济社会中发挥着越来越重要的作用。目前，我们对于智慧图书馆额理论和实践研究还不偶深入，我国还尚未建成一座真正意义上的智慧图书馆，智慧图书馆的建设仍在摸索阶段。

一、内容

智慧图书馆作为图书馆的研究热点问题，专家学者们提出了许多自己的观点，其中，严栋认为智慧图书馆以图书馆和智能化设备"为支撑的，是通过物联网来实现智慧化的服务和管理。智慧图书馆的智慧化主要体现在智慧化的服务，这是智慧图书馆的核心和目标。技术装备和技术手段是实现智慧图书馆的首要条件，本文以智慧图书馆的几个关键技术，如RFID技术、数据挖掘技术、Zigbee技术，分析智慧图书馆的应用，以便对智慧图书馆技术应用提供新的思路。智慧化服务是智慧图书馆的目标和核心内容，技术是支撑智慧化服务的保障，两者相辅相成。

智慧图书馆作为图书馆发展的新形态，不同于其他形式的图书馆，是以数字化、智能化、网络化的信息技术为载体，以互联、高效、便利为特点的一个不受空间限制，具备崭新的服务理念和创新发展前景，是实现现代化图书馆科学发展的理念和实践产物。

智慧图书馆是继数字图书馆后作为未来图书馆发展的新型模式，是一个更高级的形态。智慧图书馆依托云计算、移动通信、物联网、数据挖掘等技术广泛应用的前提下，将成为图书馆可持续发展和创新发展的产物，实现图书流、人员流、物流和信息流。智慧图书馆升级不仅仅局限于物理基础设施的建设，而是以全媒体资源为核心，以用户为中心，提供智慧化服务为目标，利用新一代网络技术、信息技术和智慧化的服务管理，保证书、人的互联互通，最终实现海量资源共享的一种图书馆形态。

二、特点

（一）全面立体的感知

智慧图书馆主动感知对象成为最明显的特点之一，通过对互联网的数字进行编码感知，把某一领域单种文献信息进行描述，与读者、管理员等信息个体互联，就是把任何知识有机的整合在一起，拒绝信息的碎片化，智能互联前台后台，让读者或用户在这个体系之内能够体会到更加贴心的服务。智慧图书馆还能通过情景感知，把实际工作进行虚拟化，把用户感兴趣的资源信息推送到个人。其次，通过传感设备，三维立体的显示自主借书还款等业务，因此，智慧图书馆这种深刻的感知，是建立在更广泛地互联互通的此基础上，并且在此基础上兼并着智慧化的管理和服务。

（二）高校的智慧管理

随着互联网、移动通信技术以及各种移动设备的发展，高效、便捷、灵敏成为现代图书馆发展树立的新要求。智慧图书馆以数字化、网络化、智能化的信息科学为基本手段而建立的，有着更加高效和便捷的特点。体现在以下几方面：

（1）智慧图书馆的高效性体现在对日常化的管理过程中，包括对借阅、支付手段、座位预约、图书打印、资源扫描以及灯光、温度、安保等日常维护都可以体现出智慧化和高效。

（2）可以为用户制定个性化的管理方案，包括对用户个人借阅信息调阅，智慧化分析出用户的喜好和需求，从而为用户制定个性化的服务。

智慧图书馆不仅是实现了广阔的互联网共享、信息资源与人之间的相互联系，更重要的是体现出了服务与管理的高效智慧化，高效的智慧管理是智慧图书馆的特征之一，也是未来新型图书馆的。智慧图书馆提供的是智慧服务，而智慧服务的最本质特征就是高效管理和服务，让知识服务的内涵得以升华，这对于人类的有着极其重要的意义。

（三）人性化服务

智慧图书馆是建立在智能性基础上的智慧图书馆，以人为本的公益惠民的理念之下的，其拥有数字化、网络化和智能化的外部特征，融入了更多的技术支持，目的是让每一位读者都能获得同一空间的阅读学习的功能。基于图书馆+云计算+物联网+智慧化设备的智慧图书馆，一方面可以为馆员在智能化和自主化的基础上实现更高效率的管理，享受智慧图书馆带来的便利性和方便性的同时，还可以主动感知广大用户的需求，提供更加人性化、个性化的服务，为用户的学习和工作方式带来翻天覆地的变化。因此，人性化成为智慧图书馆的一大特点，更是现代图书馆发展服务的目标。

三、智慧服务平台的构建

（一）智慧图书馆的建设原则

1.服务主导原则

在智慧环境下，智慧图书馆的技术、资源和服务是相互依存、相互支撑的关系，并且信息的加工、采集、传播等都需要互联网为依托，互联网对智慧图书馆的便捷和便利不言而喻。不仅是提供资源，更多的是在解决用户的问题过程中为其提供新的知识和理念，服务成为最终的结果。

2.资源集成原则

未来图书馆的发展将会以资源集成视为服务与管理的技术基础，同时，需要借助云计算技术、物联网技术，实现不同类型文献跨部门信息共享、跨系统的集成，并且建立起文献感知服务系统和集群管理系统。首都图书馆的"一卡通"，使读者可以跨时空、实时浏览上百家的图书馆文献资源。通过资源信息的共建、整合和无障碍转化，依靠集群化的综合服务平台跨时空传递、获取信息，从点扩展到线、面、区，从而实现区域联动的智慧化运作。

3.泛在化原则

泛在环境下，图书馆的共建共享，不仅仅局限于本馆的文献信息资源，而是可以获得更广泛地资源服务，可以通过整合不同平台的文献资源信息，实现信息的共建共享，对图书进行归纳整理。新时代背景和新技术支持下，图书馆的建设发展必将遵循泛在化的原则。

（二）智慧图书馆服务模式构建

智慧图书馆是数字图书馆与符合图书馆的升级，可以说是现代社会最高端的图书馆。网络技术、互联网以及智能手段成为智慧图书馆的组成三元素，按照结构又可以划分为物理层、技术层和服务管理层三部分，其中技术层是智慧图书馆的基础支撑，服务管理层是智慧图书馆的核心。智慧图书馆应该以信息技术设备和集群管理作为发展的重点，以网络技术和云计算为基础，利用现代化的先进技术，大力发展高层次的智慧空间服务和管理技术，有效利用各种智能文献库并掌握各个渠道的信息，对信息资源进行加工管理和整合，结合用户群的需求，实现智能化一体服务。

（三）智慧服务平台的构建

本着信息的管理和应用的视角来看待智慧图书馆，可以把智慧图书馆的平台智能服务平台分为以下几个层面构成：一是底层支撑平台，包括互联网、云存储、云ＰＣ以及操作系统。二是数字资源建设。借助于架构、整理各路的来源的信息，建立全面的数字库资源（包括数字的化纸资源、购买自建的数字资源、搜索智慧整合资源等），为用户支持更加贴心的安全的使用氛围。三是智能服务系统。智能化服务是智慧图书馆的核心内容，结合各个服务平台，让用户可以实现无障碍、横跨时候的资源共享，追求资源利用的最大化。

第七节　泛在图书馆

随着社会信息技术的不断发展变化，经历十余年的发展，数字图书馆已经取得了成果非凡的成果。但是，随着数字图书馆的发展又面临着诸多问题，图书馆信息服务并没有做到一站式或者真正解决用户真实需求，如何改变这种状况，应对用户需求变化问题，实现图书馆信息高效优质的服务？泛在图书馆的建立极大地改变了图书馆信息服务的水平，也为未来图书馆发展描绘出了宏伟的愿景。

泛在图书馆的基本理念是图书馆在任何时刻任何地点都是可存取的。今天的图书馆已经成为传递特定信息资源、服务和教育的信息门户，这些资源和服务可以包括书目指导、目录、数据仓库、数字图书馆、远程学习、数据库、政府文件、指南、馆际互借、文献传递、特藏、虚拟教室、虚拟参考咨询、虚拟旅行和其他特殊项目。2003年NSF（美国国家科学基金会）报告中首次提出了"泛在知识环境"的概念，即：针对网络的日益发展，本着所有人在任何地方、任何时间都可以搜索人类所有的知识，而不会有时间、地点、文化、语言的障碍，实现信息资源共享的最高目标"5A"（任何用户在任何时候、任何地点均可以获得任何图书馆拥有的任何信息资源）。

一、泛在图书馆概念

"泛在"来源于英语单词"ubiquitous"的译意，只得是"广泛地存在"。泛在图书馆最早出现在20世纪Neal发表的文章里，指出泛在图书馆是一种"无所不在"的图书馆，在任何时间、任何地点进行信息获取服务的图书馆。

泛在图书馆的基本含义就是可以随时随地进行信息获取的图书馆，这种新型的图书馆主要通过计算机、手机智能通信设备，以信息服务方式可以嵌入到人们的日常生活中，为用户提供不限时间、不限地点的全天候信息交流服务。随着因特网和万维网的快速发展，泛在图书馆将服务延伸到无处不在、无时不有的信息增值服务中。泛在图书馆是由信息资源、信息技术、泛在环境和用户构成的图书馆的一种高级形态，也是未来图书馆的发展模式。

二、基本特点

随着信息技术的快速发展，泛在图书馆强调"服务主动"和"服务的无处不在、不为人知、无时无刻"，因此，泛在图书馆在演化过程中的相比普通图书馆的特点有：

（一）提供全天候的信息服务。

泛在图书馆利用自动化信息处理设施，每天24小时、每周7天连续提供服务，实现24*7的超越时间、地理局限的服务；

（二）开放获取：

信息的方便获取应该成为泛在图书馆21世纪的主要特点之一。除了为特殊用户提供基于密码保护的信息资源服务以外，泛在图书馆应为全球需求用户提供的信息服务可以不受时间和地点的限制，直接接入他们的数据库进行信息检索、查询，特别是开放获取期刊中的学术性信息。

（三）交互性

智慧图书馆可以为需求用户提供同步或者异步的情报专家、咨询师或数据管理人员随时提出问题并进行解答和相关参考的帮助。

（四）多格式

泛在图书馆通过网络不间断、无缝的提供异质信息。满足不同种类、层次用户的需求，通过多种格式提供信息提供了解决方案，这些格式包括TXT、JPG、PPT、PDF、HTML、RM、JPG、WAV等格式的信息资源；

（五）多语种

泛在图书馆应致力于为全球范围内不同文化背景、不同国家地区的用户提供多语种支持，促进不同语言、文化背景的用户可以毫无困难的存取信息，无论他们的英语水平怎么样都可以利用泛在图书馆信息和服务的权利。

（六）全球化

21世纪的泛在图书馆致力于为世界范围内不同年龄、性别、肤色、种族和宗教的用户提供信息和服务，这意味着泛在图书馆为全球用户提供服务，保障全球用户可以平等的利用泛在图书馆的信息和服务权利。

二、建设方法

目前，主要有三种建设泛在图书馆的方法。但是无论选择哪种方案之前，都需要根据自身的因素特点，充分考虑人力、物力、财力等实际情况，并且还要考虑用户需求和技术，选择最佳方案，争取利润最大化和投入产出最大化。

（一）自建

利用当前已经成熟的计算机技术、网络通信技术、智能存储技术和数字化技术，自行建立基于网络的分布式泛在图书馆信息系统。这是普通图书馆为提升分布式信息系统最经常使用的方法，这是普通图书馆为提升分布式信息系统最经常使用的方法，越来越多的图书馆都已经采用这种方法来设计、开发、拓展和维护信息应用和服务软件，如网络门户、书目指导、信息素质教育项目、共享知识、虚拟教室等，但是这种方法受到资金、人才、设备技术的限制条件较多。

（二）购买

直接购买全球范围内主要厂商的领先技术、设备、资源先进的全套产品，如计算化的集成图书馆系统，数字图书馆工具，网络数据以及其他必备的图书馆自动化产品，如图书馆集成管理系统、数字图书馆等来建设分布式的泛在图书馆信息架构。

（三）合作

与产业巨头、技术先锋，如Microsoft、Adobe、Google、Yahoo等合作设计和开发技术先进的泛在图书馆项目。这种方法是高校学术型图书馆和国家图书馆最佳的选择。

因为国家图书馆和学术型图书馆可以利用丰富的图书、声频、手稿、照片以及其他印刷资料收藏量，与IT产业巨头进行合作。可以利用企业雄厚的资金、成熟的技术和权利力量设计和开发先进的泛在图书馆，达到资源和技术的完美结合。这类项目的举例如Google的Google Printed Library Project项目和欧洲数字图书馆项目（European Digital Library Project）。

三、未来框架

随着科学技术的更新和发展，泛在图书馆模式也在发生着日新月异的变化，下一代因特网、the UltraBand Network网络和 the WiMax Technology 技术将会为泛在图书馆实现更加动态的渠道以更快的速度，实现图书馆的围墙，共同建立一个无缝互动的信息服务平台，为用户提供一种到身边、都桌边、随时随地真正实现全球用户信息资源共建共享，为服务管理打下坚实基础。

第二章 图书馆信息化管理

第一节 图书馆的计算机信息化管理

一、图书馆计算机信息化管理概述

图书馆的信息化从最初的对图书馆业务管理实行信息化到图书馆各个业务流程进行系统和网络化管理，并建立大规模以各体文献目录联机查询为主的资源共享。而进入21世纪，则充分利用计算机网络和信息技术，逐步实现不同载体的实体文献的信息化管理和多方位的联机查询。在学校图书馆，最突出的是信息化文献分类编目，短时间大流量快捷的流通，高效多角度的统计和方便的书目查询，减轻了学校图书馆工作人员繁重的手工劳动，加大了书刊的流通率，为学校教育教学和配合新课程教材改革奠定了重要的基础。图书馆的计算机信息化管理，就是将传统图书馆业务的手工操作转变成由计算机管理，即图书馆的图书、期刊、音像资料等各种载体文献的采编、典藏、流通、检索及常规业务管理等工作，利用计算机技术，进行高效、准确的信息化管理。其根本目的是实现区域内及地区、国家、国际间的资源共享。学校中曾经有人认为，实现图书馆信息化管理可以节省人力、物力、财力。其实也不尽然，学校图书馆实现计算机管理后，可能比过去反而增加很多工作量，主要原因是在手工管理时代，不少学校图书馆的大量藏书，对学生读者不开放或者静态的流通，而将传统工作进行标准化、规范化管理后，无疑会加大图书馆流通量和读者服务的工作量，但却最大限度地发挥了图书馆馆藏文献的作用。

二、图书馆信息化管理的优势

随着素质教育的全面启动，在实际教学当中，提高学生素质，光凭课堂上学的知识是不够的，学生在课堂上接受的教育往往是被动的，而到图书馆（室）则是自主的。他们可以博览群书，自觉吸取其精华，扩大自己的知识面，提高自身的素质，培养自学能力。因此，可以说图书馆是培养学生德智体全面发展的重要场所，对提高学生的素质十分有利。

近几年，在全国实现"两基"落实"两基"验收中，图书馆（室）作为一项重要基础设施建设取得了可喜成绩，从无到有，每个学校都有了图书室、阅览室，为全校师生提供了一个良好的读书环境。

提高教师队伍素质，除了充分运用自身原有的知识之外，还需不断补充新的知识。教师上好一堂课，一要认真钻研教材，二要有充分的相关资料。当前，科学技术迅速发展，信息大量增加，知识更新很快，不能设想没有最新知识武装能够教出高质量的学生。所以教师迫切要求读书，补充新的知识，尤其是与教育教学有关的参考书籍。但教师收入低，书刊价格昂贵靠个人买书是难满足要求的。教师普遍到高校进修，目前也没有条件。可以提供这些书刊的来源，又能够帮助教师提高教学水平的有效途径是办好学校图书馆，可以为教师提供教育教学参考资料，提高教师业务水平。对改进教学方法，改善办学条件也有很大的作用。

学校图书馆的性质是学校的情报资料中心，是为学校教育、教学和教育研究服务不可缺少的教育机构。图书馆工作是学校工作重要组成部分。国外学校图书馆的发展经验告诉我们，教育越发达，学校图书馆越兴旺。正规教育必须有图书馆配合，相伴而行，方为完全。如何有效地搞好图书馆（室）建设，充分发挥图书馆（室）的重要作用，成了我们教育工作的重之重。

而我们面对的现实是管理水平低，图书馆（室）的作用发挥不理想。主要表现藏书结构不合理、种类配置不当、开放时间短等。使学生阅览受到限制，主动配合教学开展活动不够。以上情况若不改善，势必影响学校图书馆各项工作的开展，影响学生课外阅读，影响各学校教师的教学质量。

作为教育基地的第二课堂——图书馆，在信息大爆炸的时代里，各种信息交流迅速大量地增长。要对图书馆（室）的数万册图书进行及时的加工、整理、保存和传递，如果用传统的手工方式来操作，必定永远跟不上时代的发展，甚至与时代脱节，而信息化可以实现高效率多方位地为读者提供大量的文献信息。图书馆信息化是解决上述问题的最佳方案。

图书馆信息化是通过计算机、软件和条码设备将图书馆的所有信息存储在计算机中，所有数据只需通过计算机就可进行处理，从而代替大部分的重复手工劳作，实现图书馆的信息化管理，为用户减少70％以上的工作量，轻松完成繁重的数据建库工作，让用户仅使用鼠标和阅读器即可方便实现图书的信息化。如图书著录，靠手工的话，要将一本本书按格式进行填写，既慢又累且不美观。而通过信息化管理只需根据计算机的提示输入ISBN号、书名、作者、价格即可，然后通过打印机就可打印出漂亮、美观的目录卡片，打破传统手工填写各种账表、卡片、标签等。办理各种手续的繁重借阅方式，只需用阅读器将读者借书证上的条形码与图书上的条形码输入计算机，就可以快速地办理各种手续，完整而精确地储存该读者的各种数据资料，大大减轻了繁杂而重复性强的手工劳动。

图书馆信息化可使得信息传播更多更广、精确便捷，并提升图书馆的管理理念，达到读者可方便且充分利用图书馆资源、发挥图书馆功能及服务、高效率的图书馆管理之目的。图书馆信息化的主要目标，在于加强服务，提高效率，以最快的速度将信息传递给读者。

三、图书馆信息化管理的内容

人类社会已进入信息化时代，学生的学校学习已成为他们"终身学习"的基础阶段，在学校学习活动中，学会学习比掌握知识更为重要。"培养学生收集处理信息的能力、获取新知识的能力、分析和解决问题的能力、语言文字表达能力以及团结合作和社会活动能力"，已成为学生学会学习的必备能力。其中，"收集处理信息"已放到了六大能力的首位，这是时代特征在学校教育教学中最显著的反映。学校图书馆应成为培养学生收集处理信息能力的最重要的场所。欧美及世界中等发达国家的学校图书馆，为学生提供了各种设施设备，使学生随时随地都可以使用计算机、复印机、扫描仪、网络和微缩胶片来收集和处理各种信息的做法，是值得我们学习和借鉴的。我们不仅应该提供这些设施设备，而且应该用各种方式，使所有进入图书馆的孩子们都能熟练地运用这些设施设备。这应该成为我们学校图书馆今后建设和工作的重点，从提高我们民族未来竞争力的角度来衡量，这绝不是一件小事。

由此可见，学校图书馆首先要做到改进服务手段、充分利用资源，其次是，利用现代技术，提高学生处理信息技能。但当前我国仍有不少学校由于教育理念滞后，对图书馆在学校教育教学中的作用认识不足。加之人员缺乏，管理手段落后，图书馆的资源利用率较低。

目前我国很多学校图书馆在对学生的借阅方式上能做到师生合用，一人一证，全开架自由借阅的只占总数的5％。在对学生的借阅方式上，约有20％是采取全开架与半开架相结合的方法；有20％～30％采取整班集体借阅的方法；还有40％的学校图书馆（室）几乎不对学生开放借阅。

图书馆的借阅方式越方便，读者越多，图书和图书馆发挥的作用也就越大。反之则死气沉沉，形同虚设，谈何发挥作用和参与教育教学。同时，图书馆在学校的地位就难以被人承认。

所以我们图书馆的同志必须解放思想，想方设法，有时要向学校领导请示和请求给予一定的物质条件，由手工借还到计算机借还，由集体借阅过渡到半开架直到全开架借阅，让馆藏图书直接与学生见面。实现计算机信息化管理的学校用计算机加条码阅读器分别在借书、还书窗口进行借还，可以在一小时内各借还400人次。有的学校多达800～1000多人次。同时，有2～6台微机供学生查阅，浏览馆藏图书。可以用题名、作者、汉语拼音、ISBN号、主题词等多种途径查找图书。既让学生借到自己喜爱的图书，又培养了学生用现代化手段利用图书馆的能力，这是一种真正的素质教育。现在，我国东南沿海和苏南一些城市的学校图书馆，在对学生的借阅方式上又向更高层次发展。一是借阅合一，即在一个大的空间里，布置成书库区和阅览区。功能既有不同，二者又相合一。学生读者从一个出纳柜台的两端进出，可以空手进，可以还了书进去，也可以自带学习资料进去。在这个空间里，可以借书，可以找了书在一旁阅读不借走，也可以找了资料自主学习。这样就方便了学生，提高了馆藏文献的利用率。二是借、阅、网合一，即除了在一大空间里采用上述借阅办法外，还把若干台上网的电脑放在四周或划出一电子阅览区。学生可借书，可阅览，还可上网，这种服务方式真正体现了以读者为本，以学生为本的办馆思想。而所有的这一切，必须以图书馆计算机信息化管理为基础。

上述情况说明，实现了图书馆计算机信息化管理，加大了图书馆流通率，提高了图书馆作为教育教学服务的层次，使学生高兴、教师欢迎。因此，在一个地区，只要有一两所学校的成功实例，经当地教育行政部门总结和推广，便会使这个地区的图书馆计算机信息化管理在一两年内如星火燎原般地实施开来。

四、图书馆信息化管理的基本功能

这里从实际出发，介绍学校图书馆对计算机功能和应用的需求。计算能力当然是计算机原本所具功能，尽管计算机所扮演的角色正在陆续演变之中，但是计算机至今丝毫未减其原始功能——高速计算。除科学技术及数学上的需要之外，各种数据的解析及模拟作业中，计算机的计算能力实在是无与伦比的。

仅以经济预测一项为例，就必须多方考虑，构造含有多种数据的数学模式，否则就无法满足今日社会的需要。而除计算机外，实在是找不到任何一种方法，可以来完满地解决这一问题。再说，我们日常所从事的工作中，若要找出一种与计算无关的工作，恐怕比登天还难。既然我们的生活离不开计算，那么将来计算机发挥其能力的机会也将有增无减。

科学计算是计算机最早的应用领域，目前也仍然是计算机重要的应用领域之一。许多用人力难以完成的复杂计算机工作却可通过高速计算机来迎刃而解。例如，在宇宙空间探索方面，我国神舟五号载人飞船的人造卫星轨道计算；高能物理方面的分子、原子结构分析，生物学方面的分子结构分析；水利农业方面的水利设施的设计、土方计算、水文计算、水源管理；气象预报、水文预报、大气污染研究等。上述科学计算又称为数值计算，其特点是计算量大，且数值变化范围广，这方面的应用要求计算机具有较强的数值数据表示能力以及很快的运算速度。而在学校图书馆则主要用于馆藏和流通统计。如能在瞬间统计出全馆多少藏书、借出多少书刊，被借册次的排行榜，读者借书多少的排行榜，甚至能在瞬间从几年来馆藏书刊的几十万个流通记录中列出哪一本书出借率高，有哪些人借了这本书或某群体读者几年来所借的所有书刊。这些统计需求都是手工时代所不敢设想的。

现在计算机已挑起信息产业的大梁，走上了时代的前沿。计算机所具备的多种功能中，若特别提高"存储""检索"和"传达"的能力，就能建立一种非常方便的系统，使之收集并存储大量信息，进而分类保管，且可在需要时立即取出使用。

如今，一提起信息产业便想起计算机，一提起计算机也会想起信息产业，两者之间的关系密不可分。如人事信息、商业信息、顾客信息、股市信息、海外信息等，就是家里的种种杂志、书籍报刊以及企业、机关和公司等的一切文件、卷宗……都是非常重要、珍贵的信息。计算机能将所有信息吞进去，加以消化整理，每逢需要时都可随时取出。计算机如果只能保管信息，那么它和剪报或所存的卷宗没有很大的区别。计算机的能力绝不止于此，它还能自由自在地处理那些数据，借以产生新数据，或按照你所希望的形式和方法，把新旧数据摆在你的眼前。就像我们前面所举的流通统计的例子一样，有人说"谁能控制信息，谁就能控制时代"，因此，人们对计算机处理信息的能力，愈加寄予无限的希望。其处理的对象是一般的数据或称信息。处理的内容也主要不是运算，而是分类、比较、检索、增删、判别等。也可能涉及数值数据或对其进行计算，但一般都较简单。如银行的账户处理系统，商业中的计算机销售系统，航空公司的计算机订票系统，办公室中的计算机办公信息化系统以及企业单位的管理信息系统等，都是计算机用于事务处理方面的例子。在学校图书馆中特别是流通和检索信息的处理，工作量最大，而对计算机来说，真是"一蹴而就"的事。

网络化是计算机技术从20世纪90年代以来的重要发展趋势之一。计算机网络是电子计算机技术与通信技术日益发展并密切结合的产物，是指利用通信线路把分布在不同地点上的多个独立的计算机系统连接起来的一种网络，其目的使广大用户能够共享网络中的所有硬件、软件和数据等资源。由于资源共享，可以充分发挥各地资源的作用和特长，实现协同操作、提高可靠性、降低运行费用和避免重复投资。计算机网络的特点在于，多个计算机系统结合在一起，不受地理环境的限制，同时为多个用户服务。

第二节   图书馆信息化管理的作用

当前，在我国的学校图书馆的现代化建设中，不管是功能日益拓展的信息化管理，还是代表21世纪现代化图书馆的技术和发展方向的数字图书馆，它们从构想、试验、初步实践、直到实现的每个阶段都是计算机技术群综合应用的结果。计算机技术的进步，带动了图书馆信息化、联机信息检索、数据库开发与服务、电子出版物、数字文献传递、网络信息资源服务等诸多与现代图书馆关系极为密切的领域的发展。我国的学校图书馆虽然在这方面起步较晚，但从20世纪末到21世纪初的发展态势来看，其速度大大超过我们的想象。特别是下列几项技术将会在学校图书馆中被越来越广地应用。

一、数字化技术

这种技术利用计算机把文字、数值、单色和彩色图形、静止和活动图像、声音等多种形式的信息输入计算机系统并转换成二进制数字（由"0"和"1"两个数字组成）编码，以对它们进行组织、加工、存储、采用数字传输技术加以传送，并在需要时把这些数字化的信息再还原成文字、数值、图形、图像和声音。数字化技术的发展使信息的表达和传递产生了质的飞跃，引发了如美国麻省理工学院教授尼葛洛庞帝（Nicholas Negroponte）所称的"数字革命"。从联机检索、CD—ROM、多媒体到Internet及信息高速公路，这些技术得以实现的基石都是信息的数字化。现代图书馆中数字技术占有非常重要的地位，传统书刊、视听资料等的转换都依靠数字化技术来实现。美国微软公司总裁比尔·盖茨曾经对数字化技术影响下的未来图书馆进行了描述，他在其著作《未来之路》中写道"未来的信息和当前最根本的差别就是几乎所有的信息都将是数字化的，图书馆中全部的印刷品都已经被扫描并且以电子数据的形式存储在磁盘或光盘上；图片、电影、录像等都被转换成数字化信息。一旦数字化信息被储存起来，拥有个人计算机和获取信息渠道的任何人都可以随时调用、读取、比较、复制这些信息。计算机所提供的低成本、高速度处理传输数字信息的能力将改变家庭和办公室的传统通信设备。"［比尔·盖茨，著，辜正坤，译.未来之路［M］.北京：北京大学出版社，1996.］我们认为，盖茨所描述的未来图书馆无疑是数字图书馆，而且是传统印刷型馆藏最大限度地实现了数字化转换、存储、处理、传输的数字图书馆。

二、信息存储技术

现代图书馆中的信息媒体不仅包括传统意义上的书刊等，还包括其他信息载体，如照片、地图、图片、磁带、磁盘、录像带、录音带等。这些信息媒体经数字化后信息量非常之大（如以600dpi分辨率扫描产生的一幅彩色图像通常是几兆大小的文件，即使用JPEG算法压缩后的文件还相当大），需要大容量的存储装置。因此，信息存储技术对现代图书馆的海量信息存储来说就至为关键。随着信息技术的进步，磁盘、磁带和光盘等主要存储载体的存储量都有了很大提高。在西方国家，市售大型机用磁盘机的单轴容量已达数万兆字节。如美国已出售单轴容量为33GB的磁盘机和单机容量为1200GB的盒式磁盘海量存储设备。微机用以GB为单位的高容硬盘正以年均增长29%的高速度发展。以TB（1000GB）为单位的磁盘已进入市场，这些发展使微机的贮存能力大大提高。

　　现代图书馆中的全文文本、图像、声音等信息可以存储在以CD—ROM为代表的只读光盘系列产品、WROM光盘和可擦写光盘等海量存储器中。其中以CD—ROM使用得最为广泛。它具有存储容量大、成本低、出版周期短、制作简便、易于开发、便于携带使用等诸多优点。因而能经受得起市场的考验，发展十分迅猛。如美国微软公司1995年推出的Encarta电子多媒体百科全书，就做在一个一盎司重的CD—ROM光盘上（650MB存储容量）。这种典型的电子出版物包括2.6万个论题、900万字的文字、8小时的声音、7000张照片和插图、800张地图、250张交互图表和表格以及100张动画和电视图片（clips）。其售价不足100美元，而印刷版或其他媒体形式的同种百科全书通常价格都在几百到几千美元之间。这种巨大的技术优越性不仅大大节约了存储空间，而且更便于人们查询和检索，迎合了人们既看文字和图像、又听声音的阅读喜好。

　　从信息存储的角度来说，磁盘组（magnetic disk arrays）和光盘自动存取装置（CD—ROM jukeboxes或autochangers）这样的海量存储设备，为现代图书馆存储大量经数字化转换的传统书刊文献提供了足够的空间。美国图书馆技术专家W. Saffady曾以图书为例进行过一番计算：一本6×9开本大小的300页英文图书，每页大约有3500个字符，用字符编码形式加以存储约需3.5KB的空间（假定不做全文标引），整本书以字符编码形式存储约需1MB的空间。而一张1.3GB的光盘（5.25英寸）可存储1300本这种300页的英文图书。美国惠普公司推出的H—P200XT型CD—ROM自动存取装置可装载144张这种光盘，提供的存储容量达187.2GB（144×1.3GB），足以存储字符编码形式的、不做全文标引的18.72万册300页英文图书。Saffady进一步对比了H—P200XT型CD—ROM自动存取装置同缩微胶片和缩微胶卷的存储容量，指出"存储18.72万册图书的内容将需要9.36万卷缩微胶卷（35毫米）或者573060张缩微胶片"。另外，美国柯达公司生产的Model2000型CD—ROM Jukebox系统具有更大的存储容量，达1.48TB（万亿字节），可存储近150万册图书，几乎相当于一个大中型研究图书馆的全部馆藏。

三、数据库技术

数据库技术在传统的图书馆中已经得到广泛的应用。图书馆中所使用的数据库可概括分为两大类：一类是应用数据库管理系统软件（DBMS）进行二次开发建立数据库，常用的软件包括单用户关系型数据库软件（如MFOXBASE和FOX PRO等）和多用户、网络化关系型数据库软件（如SPL—SERVER、ORACLE、INFORMIX、SYBASE、INGRES等）；另一类是本身带有管理软件的商品数据库，如光盘数据库、软盘数据库、硬盘数据库、全文数据库、超文本数据库、多媒体数据库等。数字图书馆中庞大的数字化信息经过规范化处理后需要以数据库的形式存储起来，但任何一种数据库都无法将如此庞大的信息量储存到一个单一的服务器中，且能保持良好的运行性能。即使能够储存和运行，对网络来说承载如此大量的传输任务也会引起网络阻塞。因而电子图书馆建设中势必要应用客户机/服务器结构的分布式数据库技术，以支持现代图书馆中联机查询数据库的需要。基于客户机/服务器结构的分布式数据库管理系统应用于电子图书馆中主要有以下几点优越性：通过client/server（即客户端/服务器端）结构的DBMS可以很容易地实现图书馆原有数据库与应用程序的集成，即能提供数据和服务的无缝集成；系统中安全性与数据库完整性都由server集中控制；client/server结构的DBMS能够为电子图书馆的联机事务处理提供高的事务吞吐量和短的响应时间，能支持成百乃至上千个用户，并使数据库系统对操作系统的依赖性减到最低程度；client/server结构的DBMS提供开放的client接口和开放的server接口，使用户不仅可以自由选用多个厂家的数据库应用开发工具，而且可以连接多个异质的数据库资源，包括关系型数据库和非关系型数据库。作为数据库技术与计算机网络技术相结合的产物，分布式数据库系统其技术已基本成熟，市场上已流行多种分布式数据库产品。在图书馆软件中常用的有：ORACLE、SYBASE、SQL—SERVER等。

四、网络通信技术

如果说计算机技术的高速发展突破了人类生产、处理和存储信息的能力在数量、时间和智力等方面的限制，那么通信技术的进步则突破了人类传递信息在时间和空间距离两方面的限制，两者的有机融合构成了现代信息技术的核心和灵魂，使人类身处一个"C（computer）+C（communication）创造＋奇迹"的时代。计算机网络通信技术已经深刻地改变了社会生活的面貌，图书馆也出现了信息化、网络化、数字化的发展趋势，并使部分发达国家的图书馆从第二阶段的信息化图书馆向更高阶段的网络化数字化图书馆方向演进。计算机网络通信技术是数字化图书馆的基本技术支撑，也是数字化图书馆实现广泛可存取性、高度开放和资源共享的根本保证。通过TCP/IP协议连接了众多PC机、工作站、大中型机及各式各样局域和广域网和Internet，用Z39.50协议，拓展和延伸了联机编目等资源共享的功能和空间。而数字图书馆的真正实现及其功能的充分发挥，还有待于通信技术的进一步发展和完善，尤其是信息高速公路建设的逐步推进。信息高速公路通讯网的干线将采用已有的各种广域通信技术，包括光纤通信、卫星通信和微波通信，把用户接入干线网的将是光纤、同轴电缆、铜线和无线设备。其目标之一就是把现在的计算机通信能力提高几十倍乃至上百倍，构筑一个传输速率达吉比特每秒（Gbps）的高速通信网，使用户更方便地传递和处理文字、话音、图像、视频等信息，所以，信息高速公路的建成，无疑将使数字图书馆的网络环境更加完善、可获取和提供的信息资源更多、传递数字信息的速度更快，而且将使数字图书馆处理和传输多媒体数据的能力大大提高。

五、多媒体、超文本、超媒体技术

起步于20世纪80年代中期的多媒体技术已成为20世纪90年代信息技术领域中的一个热点，有人甚至把多媒体和通信视为未来信息高速公路的关键，其重要性由此可略见一斑。关于多媒体技术的定义，目前尚未规范统一的认识。但简单地说，多媒体技术是能综合处理多种媒体信息（数字化的文本、图形、图像、声音、视频等），使多种信息相互联系并具有交互功能的信息处理技术，具有集成性（多种信息媒体的集成、多种硬软件的集成、多种技术的集成）、交互性（更自然的人机交互方式）和数字化。

用户在检索数字图书馆的数据库时，需要强有力的导航工具以获取相关的多媒体电子文献，这就需要应用超文本技术和超媒体技术。超文本技术可将相关的概念经由路径或链接连贯起来，用户可用直接、非顺序的方式查检到所需的相关信息，而无需按特定的顺序阅读。超文本系统中的信息主要是文本和图形形式的（其中以文本为主），以节点形式存储信息，相关节点间以链接相连，从而实现相关节点间的非线性、联想式检索。超媒体是对超文本的扩展，它具有了超文本的大部分特点，但它能够处理的信息媒体是多种类型的，即文字、图形、视频、声音、动画、影片、照片等多媒体。超媒体系统中节点是有意义且独立完整的单位，每一节点中包含（存储）的信息可以是多媒体的组合，如文字、声音、图形、动画等多媒体；节点与节点之间的相互关联是靠链接方式串联成一个网络，链接的方式主要有参考性链接、树状结构链接、注解链接、关键词索引链接等四种方式；超媒体系统中的节点经过有意义的链接后形成开放式的网状信息结构，使用者可通过所建立的超媒体网络，超媒体系统也为用户提供较高的人机交互能力，用户可根据自己的兴趣与信息需要设定路径和速度，甚至修改内容或对内容加注解。

当前在互联网上最热门的3W即使用了超文本、超媒体技术来呈现文字、图形、图像、声音等多媒体信息，为用户阅读文献提供了更加灵活的方式，即当用户阅读3W服务器中的信息时，可通过选择已设定的主题或图形立即打开另一份文件（可以是文字、图形、图像、声音或动画等），如此可一直进行下去直到用户满意为止，此外，由于3W糅合了Gopher的连接能力、Archie的检索功能和FTP的文件传输能力。因而受到用户的广泛重视和喜爱，3W服务器的发展也非常迅速。如1993年4月时全球注册的所有3W服务器才62个，1994年5月增至1248个，1995年9月时已超过3万个，1996年年底时全球3W服务器已达数10万个，目前我国有很多著名公共和大学图书馆都已在3W上建站，大中城市中已有相当一部分中学也建立了3W网站，它们不但供学校本馆读者查寻信息，还可让全世界的网络用户利用其馆藏资源。

第三节　图书馆自动管理化的流通管理

图书馆信息化管理给图书馆带来的最明显的效益就是分编录入和流通速度的大大提高。快捷、方便、记录准确的流通管理模块，有力地促进了图书馆图书流通率和为读者服务水平的提高，［刘英杰.图书管理系统的设计［J］.商场现代化，2005（27）：271-271.］特别是给过去开放程度低的学校图书馆，几乎带来了一次办馆理念的革命。而这一革命性的具体变化，又反映在图书馆信息化管理流通过程的实现和流通结果的统计分析这两方面的工作上。

一、流通过程和流通的主要形式

（一）文献借还

当前我国学校图书馆的实体馆藏分为传统纸质文献如图书、期刊和非纸质文献即非书资料如音像光盘等现代新型文献。所以，下面所谈的图书馆流通文献应包括上述各种载体的文献。文献借还以图书为例，首先读者通过计算机检索或全开架方式的查找取得所借文献拿到借还处，先用条码阅读器扫描一下借书证条码、核实对读者既往借阅史及借阅权限，然后再扫描所借文献的条码，便记录下这一读者与所借这一本书或其他资料的借与被借的信息。而还书时，则只要扫描一下所还文献的条形码，还书工作即告完成。借书时既要扫描读者借书证条码，又要扫描所借文献条码，主要是使它们关联。即某人借了某书，某书被某人借。而还书时只扫描文献条码，即表明某本被读者借的书还来了。计算机程序就会自动到当初借这本书的读者借还记录库里找出来并作已还记录处理。请读者注意，这里程序不是到某读者借还记录库里，清除这条借阅记录，而是在借阅库里作一个所借书已还的记号，在这本书被借记录库里记录此书，说明其在某时被某人借，又在某时被某人还回的信息。这一切，就是为了今后统计一个读者的借阅历史和统计一本书的被借阅历史。还书只要扫文献条码而不必扫借书证号码，这就又给学校图书馆的借还管理方式带来了一场小小的革命。

过去手工时代，借书和还书都要读者本人带借书证办理借书手续，而现在只在借阅时需读者亲自前往（预约与送书上门另当别论），而还书不一定要读者去图书馆。因此，不少图书馆在校门、食堂门、宿舍院门等学校师生集体出入的门口设类似邮筒的还书箱，读者只要把要还的书或其他文献轻轻投入还书箱，到一定时间，图书馆工作人员用推车收回，用条码阅读器一一扫描，图书馆计算机信息化管理的程序中就会自动办理这些读者的还书手续。这样既方便了读者，又错开了还书高峰时间，同样，当图书馆在对学生开放的高峰时间里，学生从还书口进时，只要把要还的书往出纳柜上一放，不要说明这是张三李四的，即可直接先进书库去查找要借的书，而稍后由管理员从容地一一扫描还下的书的条码。读者不必在高峰时堵在门口排队还书了。这样就大大减少了图书馆借书高峰时的人流量，化解了拥堵和排队现象。

（二）文献的续借、预约、催还

过去，在手工时代，均需读者本人到馆办理此类手续。如今实行信息化管理后加上校园网、公众网和电话手机均可办理上述手续。当然，在当初办借阅证时，就要根据学校和图书馆的规定及读者的身份，确定读者在享有这一些服务时的一定权限。如读者通过手机发预约查询信息；图书馆向读者发预约书到馆和催还等信息，在中小学校，教职员工没问题，对学生就不统一。不少的中小学校就规定学生一律不准带手机进校。

二、流通统计的过程与结果分析

现代化的学校图书馆，首先是办馆理念的现代化。在先进的办馆理念中，首先要了解图书馆的文献利用率，其次是不同类型群体对各种不同的图书馆馆藏文献的利用率和需求，进而通过这些利用率和需求数据的分析和对比，总结出图书馆更高层次的读者服务的方案和图书馆发展的计划。学校图书馆计算机信息化管理的流通统计和分析程序，在其设计前，先要根据学校教育教学的需求以及教育行政主管部门和学校管理对图书馆的要求来进行系统分析、论证，然后才能设计开发符合学校教育教学规律的流通统计方案和运用程序来。因此，我们先从以下两个方面来谈流通统计。

（一）流通统计的过程与方式

1.文献资料出借分类统计

首先是区分不同载体文献资料如图书、期刊、音像的分类统计，但也可合在一起。如统计某时间段革命斗争小说有多少是哪些读者借阅过，那么只要输入相应的条件就能得出有哪些人借这类书。如选择各种载体，那么，不仅是革命斗争小说，连同题材的歌曲、影视作品的声像制品也一起统计在内。

2.馆藏流通率

这是各级各类教育行政部门对学校的图书馆进行评估时的必查项目。各种计算机软件一般都会设计这一功能。其计算方法（当然由计算机自动处理）是一学期学生借书总册次除以总藏书量。目前我国相当部分省份对省重点或以上级别的高中，要求生均图书50册，如果一个3000人的中学，藏书需15万册，按流通率40％算，一年需借书6万人次，一学期3万人次，同样，如按学期生均借书册数也是10册。因此，也有的省按学期生均借书10册来要求。这些计算机都能很快计算出来。但是，按此统计，我国很大一部分省重点高中以上的学校都不达标。

3.图书馆流通业务需求统计

主要有文献资料催还统计、超期和遗失赔款统计、文献在借信息统计和借阅历史统计。

（二）流通统计结果分析

1.年级或年龄段阅读喜好统计

如统计出一个学校或一个年级哪些人借书最多，被一个年级所有男生或女生借阅次数最多的文献。这样可以从中看出，哪些类或哪些书最受哪个年级的学生喜爱，哪些书是男生最爱读，哪些书是女生最爱读。这可帮助图书馆了解在今后文献采购中的侧重点，对图书馆的文献采购和藏书建设能提供翔实的数据。

2.班级或年级统计

某班、某年级或全校借书最多的学生，有的学校图书馆还对一些比较突出的学生读者进行对比分析。如按他们每学期的借书册次，借书种类列表，再把他们进校的摸底考试一直到高三各学期的各种成绩列表，对照不同时期的表进行比较分析。常常能得出看书最多而又持久的学生读者，学习成绩会稳步上升。在素质教育和研究性学习开展得比较好的学校，这些阅读量大，阅读面广的学生的表现将会尤为突出。

第四节　图书馆自动管理化的人员素质

一、图书馆计算机信息化管理对图书馆员思想和政治素质的要求

学校图书馆是学校教育改革、教学科研重要的信息源，担负着提高师生素质、服务于学校教育教学的任务，在素质教育中发挥着重要作用。图书馆的一切工作都要靠工作人员来进行和推动，他们素质的高低直接反映图书馆的科学和有效管理，必须不断提高图书馆工作人员的基础业务知识。实现计算机信息化管理后，由于计算机和网络技术的快速发展，对图书馆工作人员的掌握现代化技术的要求越来越高，所以，实现图书馆计算机信息化管理后，发挥的效果如何，很大程度上取决于图书馆人员思想境界、专业知识和现代科学技术的有机组合，取决于一个图书馆全体工作人员的整体素质。

在学校图书馆实现计算机信息化管理前，常常有学校中一些人和部分图书馆馆员认为，实现了信息化管理，分类编目、借还流通时间短了，统计报表和图书宣传能自动打印了，图书馆大部分手工劳动被信息化所代替，人一定轻松多了。而经具体实践后，先是觉得大失所望，辛苦异常。因为原来手

工时代，学校图书馆几乎不对学生开放。而实现计算机信息化管理，投入大量资金和人力后，学校领导、师生逐步明白了图书馆也要讲"投入产出"，对图书馆的开放和文献流通逐步增加了需求和要求，学生的借阅热情日渐高涨，有些中学曾经有在一个中午的一个多小时，学生借书量达到800册的情况，无疑，还书量也接近此数。那么，学生借书的乱架和还书后的上架排架工作量之大，是可想而知的，有的老师戏称此现象为"洪水猛兽"，常常手忙脚乱，应接不暇。但细心想来，学生读者纷至沓来，这不正是图书馆人梦寐以求的好现象吗？

实践证明，不少学校图书馆在师生心中形象的改变和引起领导的注意和重视，正是从这种读者人流如潮的现象开始的，因为图书馆作用的显示，首先是受读者的欢迎，其次是图书馆成为学校师生教学活动和精神文化生活中须臾不可或缺的场所。

要做到这些，无疑需要图书馆人首先有爱岗敬业和甘于奉献的精神。其次熟悉学校教改进程、热爱学生读者，唯有此，才能了解服务对象、掌握服务方向，才能在图书馆的计算机管理中体现敬业精神和人文精神。

二、图书馆计算机信息化管理对图书馆员专业知识的要求

大家知道，图书馆学是一门综合的科学，它的工作性质和任务决定了工作人员要有较高的文化素质、道德修养及管理业务知识。在知识经济高涨的今天，图书馆工作不再是停留在单纯的"借还"手续上。传统图书馆的文献收集、贮存、加工等传统过程面临严重挑战。新文献形式、新技术特别是网络技术在图书馆的利用，给学校图书馆工作带来勃勃生机。学校图书馆因为它规模小，一般不可能一人一岗，一人一职。而是要"一专多能"甚至"多专多能"。图书馆和各项工作政治要求高，知识范围广，所以图书馆工作人员至少应有中等以上文化水平和基本的专业技能。要思想解放，热爱学习，学识广博，接受新生事物快。实现计算机信息化管理后，必将给传统图书馆的业务操作、管理模式和服务方式带来全新的变革。图书馆工作人员应站在时代前沿，时刻关注周围信息，收集和捕捉国内外最新教育思想、教育经

验、教育理论和方法等信息提供给老师们，有效发挥图书馆的信息功能，更好地为学校教学和科研服务。图书馆工作人员还应利用一切机会进行继续教育，继续教育是为在职人员提高自身业务能力和工作水平而进行的再学习，是为教育教学服务、现代化管理，开展读者教育的需要。每个图书馆工作人员的分工有所不同，但应做到分工不分家，团结一致，互帮互助，只有每个成员自觉地成为这个读者服务系统的有机组成部分，这个系统才会充分发挥效能，为整个图书馆事业的发展奠定基础。因此，各室工作人员都要掌握用计算机进行图书的采购、著录、分类、入藏、排架、检索。

图书馆又是一门发展中的学科，由于学校图书馆工作人员大多数是从教学岗位转来的，普通缺乏业务知识，因而要想胜任新的工作，就必须积极钻研业务，努力以新的图书馆学、情报学的有关知识充实自己，并广泛涉猎其他知识领域，丰富自己的知识内涵。必须经常通过网络密切注视教学科研的新资料、新知识。为随时向师生反馈新知识、新信息提供必要的保证。尽管计算机分类编目工作效率高，但如果一个图书馆工作人员懂得哲学、文学、历史、艺术和科学领域各学科常识和它们之间的关系时，他用计算机分类和选择主题词的速度和准确性无疑就更高；接受读者咨询时，他的回答和利用计算机检索文献的速度就快得多。

随着计算机和网络技术的发展，图书馆的服务方式和服务手段也正在发生变化。图书馆工作人员要具有一定的现代意识和超前意识，以敏锐的目光，领先时代的气魄对本馆现代化的馆舍、装备与管理实行统筹规划。要心中有远见，脑中有"蓝图"。随着声像阅览、复印技术及电子计算机和网络技术在学校图书馆中运用，对图书馆工作人员的业务要求提出了新的挑战。

三、图书馆计算机信息化管理对图书馆员计算机和网络知识的要求

有这样的一件事，某小学图书馆管理员在开启计算机信息化管理系统时，一直不能启动。打电话报告软件公司，软件公司维护人员乘一百多公里的车赶过来一看，原来是机箱后一根电源线没插上。其实，学校图书馆工作

人员，只要掌握微型计算机的基本构成和工作原理，在实践中注意实践和总结，遇有问题，虚心向专业人士请教，一般半年至一年，最多一至两年就能基本掌握计算机的正常使用，能简单拆换部件和向维护商准确描述故障现象。

计算机技术是一门实践性很强的技术，学校图书馆工作人员可以根据自己的年龄和爱好的程度，自觉地学习，逐步训练出自己的计算机素养。计算机素养，也有人称其为工具素养或者直接称其为信息技术素养，其含义就是利用计算机或者说是信息技术工具的能力。［柴清华.浅论我国数字化图书馆员的教育与培训［J］.黑龙江史志，2010（5）：97-98.］这一素养强调操作与管理利用的能力，而不是以人作为机器的奴隶。实质上，计算机素养应该是信息素养的一个组成部分，它将对信息的知晓转向对信息的工具利用与手段上。

作为一种素养来说，并不是具体一种技能的代名词。对于不同的人，不同的应用需求，素养可以表现为不同的要求，不同的层次。美国外语教育委员会对计算机素养进行了进一步的界定，并划分成五个层次，这五个层次分别是游客级（偶而为之的用户）；寄居级（日常用户）；航行者级（专业用户）；探索者级（高级用户）以及最高层次大使级（大师级用户）。在此，我们只对学校图书馆工作者介绍前三个层次。如能掌握到第三级，则在学校图书馆的信息化和数字化系统中就能从事较为专业的工作。

1.游客级

能够使用计算机上的预先安装的娱乐或教育软件包，或者能够使用文字处理器、电子试算表或数据库来完成简单的任务。这一级的用户能够在需要的时候使用相关技术。知道如何使用操作系统，并且能够在基本的层面上处理应用程序，包括装入和运行程序，管理文件，还具有一些管理在硬盘上文件的技能并能独立的学习应用程序，理解计算机硬件与操作的基本概念。

2.寄居级

能够熟练运用一些较窄范围内的特定应用程序来完成，比如桌面出版、作业与工作任务，这些应用程序可能是文字处理程序、电子试算表、桌面出版以及图形制作等。能够对一至两个应用程序掌握良好的技能，并且还熟悉许多其他应用程序，能够利用应用程序中的快捷键以及定制应用程序，利用电子邮件进行简单的交流能力以及利用万维网来查找信息。具有初步的解决系统故障问题的能力。

3.航行级

有能力运用一个较大范围内的应用程序如完成创新工作任务，包括多媒体的报告，高级的桌面出版计划以及管理一个大型的校园网，能够将许多的应用组合在一起，比如电子试算表、数据库和文字处理器等，利用它们来管理大型的项目，并且为每项任务选择最合适的应用程序，专业用户应该能够引导以及创新地运用技术，能够创建并完成他或她不可能以其他方法完成的任务。能使用多个应用程序，他们很容易地利用电子邮件的附件及各种创新应用，利用万维网作为下载信息的来源（这意味着能够管理及操作许多不同的文件格式以及相应的工具。）能够完成简单的硬件安装与升级任务。

最近几年来，网络技术在学校图书馆和家庭越来越多地被人们应用，不少图书馆工作人员在工作中、在家庭中，均已接触和掌握上网的基本操作技能。但对于图书馆计算机信息化管理的最新技术来说，还需要掌握更深更广的知识和技能。最主要的是要了解网络的基本概念与组成模式，无论是局域网还是因特网。其次就是熟悉掌握网络环境下的信息资源，能够利用各种工具在网络上查找到所需要的信息或知识，这其中最重要的就是对搜索引擎的掌握与使用。最后是具有在网上发布信息与服务的能力，这就需要对Web技术有充分的了解与掌握，能够独立地建立网站与主页，也能够熟练地使用电子邮件等网络通信工具与资源共享单位或读者进行交流并提供服务。

归纳一下，我们认为目前对于图书馆员来说，最迫切需要掌握的专业计算机知识和网络技能包括如下：网络搜索引擎，搜索技巧，对专业及重要的网站的熟悉，网上数据库的检索，解决PC等信息终端一般问题的能力，E-mail，对主流操作系统Windows等的掌握，建设网站的能力。

现代图书馆概念以及现代图书馆的建设事业，目前还在不断发展与完善的过程中。作为信息技术最前沿的应用领域现代图书馆来说，变化将会来得更快更多。在这样的环境下，学校图书馆员必须能够适应这个变化的环境，不断地学习新的知识与技能，才能跟上甚至带动这个领域的发展。

随着科学技术的发展，知识增长速度大大加快，英国技术预测专家詹姆斯·马丁测算结果表明：人类的知识在19世纪是每五十年增加一倍，20世纪初是每十年增加一倍，20世纪70年代是每五年增加一倍，而近十年则为每三年增加一倍，同样以图书馆员所应掌握的具体的计算机软件或网络知识来说，目前这样的知识更新速度也大体上是三年左右的时间，也就是说三年前掌握的具体的计算机技能三年后大多都不适用了。在这样一个知识爆炸的时代，具有自我学习、终身学习的素养与能力，要比实际所掌握的知识与技能的多少要重要得多。

第五节 图书馆系统的安全保障

Internet的快速发展，已经成为图书馆开展服务的良好环境，网上实施书目期刊检索、馆际互借、网上续借、网上预约等网络化服务功能不断出现，图书馆的万维网站点凭借其强大的信息资源支撑，已成为网络信息重要的集散地。由于Internet是一个面向大众的开放系统，对信息的保密和系统的安全考虑得并不完备，安全问题正日益突出，同时数字化信息有共享和易于扩散等特性，在处理、存储、传输和使用上十分脆弱，容易被干扰、滥用、遗漏和丢失，甚至被泄露、窃取、篡改、冒充和破坏，还有可能受到计算机病毒的感染。在此种情形下如何保证图书馆系统的运行、信息的安全、可靠是我们的关注所在。下面分析了网络安全功能和体系结构，对图书馆信息化系统中的网络安全问题，包括软件、硬件问题提出可行的措施。

一、计算机网络安全的含义及内容

国际标准化组织（ISO）将计算机安全定义为："为数据处理系统建立和采取的技术和管理的安全保护，保护计算机硬件、软件和数据不因偶然和恶意的原因而遭到破坏、更改和泄露。"计算机安全的内容应包括两方面，即物理安全和逻辑安全。物理安全指系统设备及相关设施受到物理保护，免于破坏、丢失等。逻辑安全包括信息完整性、保密性和可用性。保密性指高级别信息仅在授权情况下流向低级别的客体；完整性指信息不会被非授权修改，信息保持一致性等；可用性指合法用户的正常请求能及时、正确、安全地得到服务或回应。

网络系统的安全涉及平台的各个方面。按照网络OSI的七层模型，网络安全体现在信息系统的以下几个层次：

1.物理层

物理层信息安全主要包括防止物理通路的损坏、通过物理通路窃听、对物理通路的攻击（干扰）等。

2.链路层

链路后的网络安全主要保证通过网络链路传送的数据不被窃听，主要采用划分VLAN（局域网）、加密通信（远程网）等手段。

3.网络层

网络层的安全需要保证网络只给授权的客户提供授权的服务，保证网络路由正确，避免被拦截或监听。

4.操作系统

操作系统安全指保证客户资料。操作系统访问控制的安全，同时能够对该操作系统上的应用进行审计。

5.应用平台

应用平台指建立在网络系统之上的应用软件服务，如数据库服务器。电子邮件服务器、Web服务器等，由于应用平台的系统非常复杂，通常采用多种技术（如SSL等）来增强应用平台的安全性。

6.应用系统

应用系统完成网络系统的最终目的——为用户服务。应用系统的安全与系统设计和实现关系密切，应用系统通过应用平台提供的安全服务来保证基本安全，如通信内容安全、通信双方的认证、审计等。

二、计算机网络系统安全应具备的功能

安全的网络系统一般应具备以下功能：

1.访问控制

通过特定网段及服务建立的访问控制体系，系统将绝大多数攻击阻止在到达攻击目标之前。

2.检查安全漏洞

对安全漏洞进行周期性的检查，使得攻击即使到达攻击目标，也要努力使绝大多数攻击无效。

3.攻击监控

通过特定网段及服务建立的攻击监控体系，系统可实时检测出绝大多数攻击，并采取相应的行为（如断开网络连接、记录攻击过程、跟踪攻击源等）。

4.加密

通信信息主动地加密通信信息，可使攻击者不能了解、修改敏感信息。

5.认证

良好的认证体系可防止假冒合法用户的攻击。

6.备份和恢复

良好的备份和恢复机制，可在攻击造成损失时，帮助系统尽快恢复数据和系统服务。

7.多层防御

攻击者在突破第一道防线后，多层防御可以延缓或阻断其到达攻击目标。

8.隐藏内部信息

这样可以使攻击者不能了解系统内的基本情况。

9.设立安全监控中心

为信息系统提供安全体系管理、监控、保护及紧急情况服务。

三、图书馆计算机信息化系统的安全隐患

随着图书馆事业的飞速发展，我国绝大多数图书馆均已实现了管理信息化，体现在两方面：

（1）图书馆的日常工作，如流通、采购、编目、参考咨询、行政等工作均已实现了微机管理；

（2）绝大多数图书馆已建成内部管理局域网，并外连中国教育与科研网（Cernet）、Internet，实现了馆内、馆际甚至国际间信息、资源的交流与共享。但出于资金、设备、人员等方面原因，图书馆计算机系统的安全隐患大多存在，主要表现在以下两个方面：

（一）图书馆工作人员素质方面

与图书馆现代化事业迅速发展的形势不相适应，图书馆界对工作人员特别是对工作用机的管理还处于相对较低的层次。出于历史原因，图书馆工作人员大都非科班出身或非计算机专业毕业，这就决定了工作人员操作计算机的水平普遍不高。面对众多因为工作人员错误操作导致工作用机故障频繁、影响图书馆正常工作的现象发生，加强微机即工作用机管理、规范工作人员的操作已成为每一个图书馆必须面对、解决的紧迫问题。

（二）图书馆计算机硬件相对落后

虽然很大一部分图书馆都实现了计算机管理及网络连接，但硬件相对来说比较落后，有很大一部分图书馆管理系统与3W就是使用一台服务器。由于整个图书馆资金少，必然导致投资在信息化方面金额减少，改型换代慢。不要说大型的服务器、防火墙等，很多图书馆多年使用一台微机在处理服务器的事宜。

四、图书馆技术人员要尽可能地保证网络安全

上面提到了图书馆计算机系统的安全隐患包括人员素质落后，计算机硬件差，这些部可以通过购买、培训达到目的，假设硬件比较到位的情况下，技术人员如何尽可能地保证网络安全。应包括以下两个方面。

（一）内部操作客户（CLIENT）人员及软件的管理

目前绝大多数图书馆信息化管理局域网均采用服务器（Windows NT server）＋客户机（工作站）的工作方式。在网络环境下工作站与服务器之间通过网线、双绞线、集线器实现互连。网络工作环境决定了工作人员只能进行与工作有关的操作，而且只能介入与自己有关的工作行为。网络环境下工作用机的设置可从系统管理员在服务器上通过使用管理工具来实现。单机环境下允许工作人员执行绝大多数操作，该工作方式下要禁止用户更改系统设置（如CMOS、桌面、系统、显示器）。当然更要禁止用户从工作站上安装、删除软件。

虽然系统管理员可以通过服务器来管理工作站，但如果工作人员按Esc键跳过登录到NT域或从软盘启机，或按F8键启动到MSDOS模式下，遇到以上情况，服务器管理将对工作站失去任何意义，因此应有以下要求：

1.禁止工作人员从软盘启机

工作人员可以使用软盘启机直接进入单机环境操作，因此需要在CMOS设置中将引导顺序改为从C到A，并设置Superrisor超级用户口令，防止工作人员修改CMOS设置。

2.禁止工作人员在WIN95启动时按功能键切换到MSDOS模式

为此，需要打开C盘根目录下的系统文件MSDOS.YS，并对其中的［options］节作如下更改：

BootDelay=0（即禁止WIN95启动延迟）

BootCUI=0（启动WIN95至图形界面）

BootKeys=0（禁止在启动时使用功能键）

通过以上设置可以防止工作人员将工作站启动到DOS下进行操作。

3.工作人员极限设定

系统管理员需要为每一用户建立账号，输入用户名、口令并为每一个工作人员设置相应的操作极限，这些均由系统管理员在NT服务器上使用管理工具来完成。

4.要求在启动到桌面时用户必须登录

需要使用注册表编辑器来进行设置，首先在开始菜单的运行项中运行C：\Window\Rege dir exe文件，启动注册表编辑器，它的左窗口显示设置项目即主键，右边窗口显示设置项目取值即键值。

（二）外部网络环境

包括图书馆管理服务器、3W服务器（server）数据的管理、用户的管理及硬件的管理。这里主要涉及三个方面的内容：首先是网络硬件即服务器的管理、路由器的管理；第二是网络操作系统，即对于网络硬件的操作与控制；第三就是网络中的应用系统。若要实现网络的整体安全，考虑上述三方面的安全问题也就足够了。但事实上这种分析和归纳是不完整和不全面的，因为无论是网络本身还是操作系统与应用程序，它们最终都是要由人来操作和使用的，所以还有一个重要的安全问题就是用户的安全性。

目前，五层次的网络系统安全体系理论已得到了国际网络安全界的广泛承认和支持。按照此理论，在考虑网络安全问题的过程中，应该主要考虑以下五个方面的问题：

1.网络层的安全性

网络层安全性问题的核心在于网络是否得到控制，即是不是任何一个IP地址来源的用户都能够进入网络，通过网络远近对网络系统进行访问的时候，每一个用户都会拥有一个独立的IP地址，这个IP地址能够大致表明用户的来源所在地和来源系统。目标网站通过对来源IP进行分析，便能够初步判断来自这个IP的数据是否安全，是否会对本网络系统造成危害以及来自这个IP的用户是否有权使用本网络的数据。一旦发现某些数据来自于不可信任的IP地址，系统便会自动将这些数据阻挡在系统之外。大多数系统能够自动记录那些曾经造成过危害的IP地址，使得它们的数据将无法第二次造成危害。

用于解决网络层安全性问题的产品主要有防火墙产品和VPN——虚拟专用网。防火是设置在被保护网络和外部网络之间的一道屏障，以防止发生不可预测的、潜在破坏性的侵入。它可通过监测、限制、更改跨越防火墙的数据流，尽可能地对外部屏蔽网络内部的信息、结构和运行状况，以此来实现网络的安全保护。VPN主要解决的是数据传输的安全问题，如果公司各部在地域上跨度较大，使用专网、专线过于昂贵，则可以考虑使用VPN。其目的在于保证公司内部的敏感关键数据能够安全地借助公共网络进行交换。对于上面提到的两个网段共享一批数据的问题，除了可以采用防火墙以外，还可以采用诸如路由器设置、双网卡等来加以安全保证。

2.系统的安全性

在系统安全性问题中，主要考虑的问题有两个：一是病毒对于网络的威胁；二是黑客对于网络的破坏和侵入。

病毒的主要传播途径已由过去的软盘、光盘等存储介质变成了网络，多数病毒不仅能够直接感染网络上的计算机，也能够将自身在网络上进行复制。这些病毒在网络上进行传播和破坏的多种途径和手段，使得网络环境中的防病毒工作变得更加复杂，网络防病毒工具必须能够针对网络中各个可能的病毒入口来进行防护。

对于网络黑客而言，他们的主要目的在于窃取数据和非法修改系统，其手段之一是窃取合法用户的口令，在合法身份的掩护下进行非法操作；其手段之二便是利用网络操作系统的某些合法但不为系统管理员和合法用户所熟知的操作指令。

3.用户的安全性

对用户的安全性问题，所要考虑的问题是：是否只有那些真正被授权的用户才能够使用系统中的资源和数据。首先要做的是应该对用户进行分组管理，并且这种分组管理应该是针对安全性问题而考虑的分组，也就是说，应该根据不同的安全级别将用户分为若干等级，每一等级的用户只能访问与其等级相对应的系统资源和数据。

在大型的应用系统之中，有时会存在多重的登录体系，用户如需进入最高层的应用，往往需要多次输入多个不同的密码，如果管理不严，多重密码的存在也会造成安全问题上的漏洞。所以在某些先进的登录系统中，用户只需要输入一个密码，系统就能够自动识别用户的安全级别，从而使用户进入不同的应用层次。这种单一登录体系要比多重登录体系能够提供更大的系统安全性。

4.应用程序的安全性

这其中涉及两个方面的问题：一是应用程序对数据的合法权限；二是应用程序对用户的合法权限。例如，在单位内部，上级部门的应用程序应该能够存取下级部门的数据，而下级部门的应用程序一般不应该允许存取上级部门的数据。同级部门的应用程序的存取权限也应有所限制，例如，同一部门不同业务的应用程序也不应该互相访问对方的数据，一方面可以避免数据的意外损坏；另一方面也是安全方面的考虑。

5.数据的安全性

数据的安全性问题所要回答的问题是：机密数据是否还处于机密状态。在数据的保存过程中，机密的数据即使处于安全的空间，也要对其进行加密处理，以保证万一数据失窃、偷盗者（如网络黑客）也读不懂其中的内容。这是一种比较被动的安全手段，但往往能够收到最好的效果。这里可以采用一些信息密存与备份产品如RSA公司的SearPc、CA公司的Arcserver等。提供信息的加密和系统数据备份功能。

在建立网络化的图书馆信息化系统进程中，除去考虑网络的高性能、高可靠性和可用性。丰富的应用系统和信息资源时，千万不要忘记系统的安全，用户使用制度和相应的管理制度。安全系统的用户身份认证、系统审计和系统安全监测的功能、只有在完整的管理制度和在对其切实认真执行的情况下，才能对整个系统的安全提供可靠的保证。

第三章 图书馆服务体系

第一节 图书馆的信息资源体系

一、信息资源体系

（一）信息资源体系

信息资源体系是指信息资源各要素相互联系、相互作用而形成的具有特定功能的有机系统。它是指一定范围内，经过布局、搜集、整理、保存并提供利用的所有信息资源的集合。面向用户的资源与服务整合是根据一定的需要，对各个相对独立的信息资源系统中的数据对象、功能结构进行融合、类聚和重组，重新结合为一个新的有机整体，形成一个效能更好、效率更高的信息资源体系，从而保证信息资源更好地被利用。这包含三方面内容：一是将内部信息资源和外部信息资源进行有机融合，二是构成一个高效合理的信息资源体系，三是实现信息资源的整体利用价值。加强信息资源体系建设应从两方面入手：一是应当保证各图书馆每年都能入藏一定数量的各具特色的信息资源。二是通过信息资源整体建设，建立起能在一定范围内有效地保障社会信息需求的信息资源系统，称为信息资源保障体系。

（二）信息资源体系规划

信息资源体系规划就是根据信息资源体系的功能要求，来设计这个体系的微观结构和宏观结构。在微观层次上，就是每L个具体的图书馆根据本馆的性质、任务和读者对象的需求，确定信息资源建设原则、资源收集的范围、重点和采集标准，提出本馆信息资源构成的基本模式。在此基础上，制定信息资源建设计划，安排各类型信息资源的数量、比例、层次级别，形成有内在联系和特定功能的信息资源结构，建立有重点、有特色的专门化的信息资源体系。微观规划在时间上表现为短期规划，包括年度计划、季度计划等，是信息资源建设的具体实施计划。

宏观层次上的信息资源体系规划就是从一个系统、一个地区乃至全国的整体出发，对信息资源建设进行统筹规划、合理布局，制定各种类型的图书馆及各类型信息机构之间在信息资源的收集、组织、储存、书目报导、传递利用等方面的协调与合作规划，从而形成相互依存、相互联系的整体化、综合化的信息资源体系。它通常会受到各种内外环境：如政治、经济、文化以及各馆已经形成的馆藏体系、服务对象等诸多因素的影响。宏观规划又分为总体规划和长期规划。总体规划指一个图书馆对本馆信息资源建设的总方向、指导思想、最终目标等所作的构想与规定，解决信息资源建设中带根本性、全局性和长远性的大问题。长期规划，通常有三年规划、五年规划等，主要用于确定规划期内信息资源建设的发展目标、任务及实现的途径和结果。

二、信息资源建设

（一）信息资源建设的定义

目前，学术界对信息资源建设概念的理解还不完全一致，主要有以下两种理解。

1.情报学界对信息资源建设概念的理解

情报学界在图书馆界提出文献资源和文献资源建设概念之前，就已经对信息资源、信息资源建设的一些问题展开了讨论。随着20世纪80年代中期国外信息资源管理理论进入国内及我国正式与国际互联网接轨，信息资源建设就成为情报学理论界的研究内容及信息机构的工作内容。

2.图书馆界对信息资源建设概念的理解

图书馆界认为，信息资源是经过人类采集、开发并组织的各种媒介信息的有机集合。也就是说信息资源既包括纸品型的文献信息资源，又包括非纸品的数字信息资源。所谓信息资源建设是指图书馆根据其性质、任务和用户要求，有计划地系统地规划、选择、收集、组织各种信息资源，建设具有特定功能的信息资源体系的整个过程和全部活动。

目前，信息资源建设已经成为图书馆界、情报界和其他信息工作领域普遍接受并广泛使用的概念。它与文献资源建设相比较，其内涵与外延更为广泛。因此，应将情报学界与图书馆界关于信息资源的不同理解加以整合，信息资源建设应该包括（传统型）文献信息资源建设和数字信息资源建设这两部分。因为只有将（传统型）文献信息资源建设和数字信息资源建设都包含进去，才能形成一个完整的信息资源建设概念，才是对信息资源建设含义的完整而准确的理解。

（二）信息资源建设的主要内容

信息资源建设是人们对处于无序状态的各种类型的信息进行搜集、选择、加工、组织和开发利用等活动，使各种信息资源形成可利用的资源体系的全过程。其主要研究内容包括以下几个方面：

1.信息资源的体系规划

信息资源体系是指信息资源各要素之间相互联系、相互作用而形成的具有特定功能的有机系统。信息资源体系规划就是根据信息资源体系的功能要求，来设计这个体系的微观与宏观结构。

在微观层次上就是每一个具体的图书馆根据本馆的性质、任务和读者对信息的需要，确定信息资源建设的原则、资源收集的范围、重点和采集标准，提出本馆信息资源构成的基本模式，制定本馆信息资源采集政策，安排各类型信息资源的数量、比例、层次级别。形成有内在联系和特定功能的信息资源体系，使整个文献信息资源形成重点突出、有特色的多元化的信息资源体系。

在宏观层次上，还要与本地区、本系统的文献信息资源建设相适应，与本地区、本系统的图书情报服务机构协作、协调，统筹规划本地区、本系统文献信息资源的收集、组织、贮存、书目报道、传递利用，从而形成相互依存、相互联系的整体化、综合化的信息资源体系。

2.信息资源的选择与采集

根据已经确定的信息资源体系的基本模式，通过各种途径，选择与采集信息资源，建立并充实馆藏，信息资源的选择与采集是信息资源建设的基础工作。信息资源的选择与采集工作包括以下几个方面：

（1）印刷型文献的选择与采集

根据既定的信息资源选择与采集的原则、范围、重点、复本标准、书刊比例等，通过各种渠道和各种方式，采集所需要的文献，建立并不断丰富实体馆藏资源。

（2）电子出版物的选择与采集

这里所说的电子出版物是指以实体形式存在的、单机或在局域网络中镜像存储使用而非网络传递的电子信息资源。图书馆要根据读者需求、电子出版物本身的质量、电子出版物与本馆其他类型出版物的协调互补、电子出版物的成本效益等原则进行选择和采集。

（3）网络信息资源的选择与采集

网络信息资源包括付费订购使用的数据库、免费使用的网页信息资源等，网络数据库是图书馆通过签约付费，可远程登录、在线利用的电子信息资源。国内外许多数据库生产商或数据库服务集成提供商已开发出各种文献数据库，直接购买这些产品或服务。也是信息资源选择与采集的重要内容。

3.馆藏资源数字化与数据库建设

馆藏资源数字化是网络环境下信息资源建设的重要内容之一。因为只有经过数字化处理的文献才能通过网络为人们所共享。图书馆应通过计算机和大容量的存储技术、全文扫描技术、多媒体技术，将馆藏中有独特价值的印刷型文献转化为扫描版全文电子文献，制成光盘或网上传播。

数据库建设是数字信息资源建设的核心内容。对图书馆来说，数据库建设主要有书目数据库和特色数据库建设。书目数据库是开发图书馆信息资源的基础数据库。也是图书馆实现网络化、自动化的基础；特色数据库是图书馆特色资源的集中反映，是图书馆充分展示其个性，提高其社会影响力和信息服务竞争力的核心资源。图书馆要根据本系统、本地区的社会需求和本馆的技术力量、经费等条件，选择适合的主题，系统地将馆藏资源中的特色文献制作成独具特色的文献数据库或专题数据库，并提供上网利用。

4.网络信息资源的开发利用

因特网信息资源极为丰富，图书馆对它进行开发组织，就可以使这些分布在全球的网络信息资源成为自己的虚拟馆藏。这种开发和组织就是根据用户的需求与资源建设的需要，搜索、选择、挖掘因特网中的信息资源，下载到本馆或本地网络之中，通过分类、标引、组织、通过网络或其他方式提供给用户使用，或者链接到图书馆的网页上，如建立因特网信息资源导航库，以方便读者迅速检索到自己感兴趣的有价值的网络信息资源。这种虚拟馆藏对图书馆及各类型信息机构的信息资源建设和信息服务具有重要意义。

5.信息资源的组织管理

图书馆对本馆已入藏的实体信息资源进行的组织与管理。包括：对入藏的文献信息资源进行加工、整序、布局、排列、清点和保护，使信息得到有效利用；对数字化信息资源进行整合，将购买的数据库与自建的数据库有机地集成在一起，对其内容进行充分的揭示，实现跨库检索，提供"一站式"服务，使用户能够像利用传统文献一样熟悉和利用数字信息资源。

6.信息资源共建与共享

信息资源共享是人类社会的崇高理想，是图书馆为之奋斗的最高目标。而信息资源共享的前提是信息资源共建，在新的信息环境中，文献信息数量激增与图书馆有限收藏能力的矛盾加剧，信息需求的广泛性和复杂性与图书馆满足需求的能力形成强烈的反差。网络环境使信息资源共建共享变得更为必要和迫切，同时也为信息资源共建共享提供了重要的技术支持。

在新的信息环境中，信息资源共建共享的主要内容包括：根据图书馆类型、性质和任务以及本地区文献信息资源现状，通过整体规划明确图书馆之间文献信息资源采集的分工协作，建设相对完备的文献信息资源保障体系；建设完备、方便快捷的书目查询信息网络，实现网络公共查询、联机合作编目、馆际互借、协调采购等功能，建立迅速高效的馆际文献传递系统，达到文献信息资源的共建共享。

7.信息资源建设的基本理论与方法的研究

信息资源建设是一项复杂的系统工程，它离不开理论的指导。因此，对信息资源建设基本理论和基本方法的研究，是信息资源建设的重要内容之一。其研究的主要内容包括：信息与信息资源以及各种类型信息资源的形成、特点和发展规律；信息资源建设的原则、政策、方法及其实施；信息资源的采集、加工整理、组织管理的技术手段和业务流程；信息资源的选择与评价理论；数字信息资源建设的技术与方式方法；网络信息资源内容开发与数据库建设；信息资源共建共享的理论基础、结构模式、运行机制、保障条件；信息技术在信息资源建设中应用等有关新观点、新技术、新方法的研究等。

第二节　图书馆的信息服务体系

图书馆信息服务是指在网络环境下图书馆利用计算机、通讯和网络等现代技术从事信息采集、处理、存贮、传递和提供利用等的一系列活动，其目的是为了给用户提供所需的分布式异构化数字信息产品和服务，满足信息用户解决现实问题的信息需求。更确切地说，图书馆信息服务是对有高度价值的图像、文本、语音、音响、影像、影视、软件和科学数据等数字化多媒体信息进行收集，进行规范性的加工，进行高质量保存和管理，实施知识增值，并提供在广域网上跨库链接的数字信息存取服务。同时，它还包括知识产权存取权限、数据安全管理等。而"体系"一词在辞海中的含义是"若干有关事物相互联系、相互制约而构成的一个整体"。由此可见，图书馆信息服务体系是指有关利用图书馆信息资源为用户提供信息线索、信息内容、信息服务的组织、制度、方法之整体。

一、图书馆信息服务

（一）图书馆信息服务的特点

图书馆信息服务是一种高效的网络化、数字化信息服务，是现代信息服务的高级形式，它从服务内容、载体形式、服务模式、服务策略与方式等诸多方面都具有区别于传统信息服务的特点。具体表现如下：

1.服务资源的数字化、虚拟化

信息服务资源数字化，即指信息以计算机可读形式存贮；信息服务资源虚拟化，是指信息资源表现出来的只有使用权而无所有权的非占有性。图书馆的馆藏不仅包括载体形式多样的本地实体数字信息资源，而且包括大量网上的分布式的虚拟数字信息资源，其特点是收藏数字化、存储虚拟化。

2.服务内容的知识性、精品化、多样化

图书馆信息服务强调信息资源的开发与利用，为信息用户提供的不仅仅是信息线索及相关文献，更主要的是直接提供所需解决现实问题的知识。信息的精品化源于电子信息量的急剧增长，促使用户利用信息越来越重视信息的质量和浓度，而不是资料的数量，精品化的信息服务以信息的内在质量为保证，应具有"广、快、精、准、新"等特点，要以高品质的服务满足社会用户需求。同时信息服务的内容是多方面的，几乎包括所有信息资源类型，信息资源的选择呈现出复杂性和多样性。

3.服务方式多元化、多层次化

图书馆是一个开放式资源体系，用户可以在任何一个地方通过终端以联网的方式查找所需信息。同时图书馆进一步扩大了自身对文献信息的收集存储和开发功能，随时在网上发布各种文献资源的消息，不断地向用户提供所需的信息和知识，对读者进行"引导"或"导航"。根据用户的不同需求，增设服务项目，推出新的服务产品，其服务方式是主动的、多元的、多层次的。

4.信息存取网络化、自由化

互联网的真正价值就在于可以通过网络来快速传递信息资源，这就是信息存取的网络化。网络化传播文献信息将成为图书馆信息传播的主要手段。它彻底改变了传统的信息提供和获取方式，将分散于不同载体、不同地理位置的信息资源以数字方式存贮，通过网络连接，提供即时利用，实现了真正的信息资源共享。图书馆信息服务系统中，大量经过整合的数字化信息资源可以不受时间和空间的限制，在开放的空间里顺畅、自由地传递。用户可以根据自己的特定需要自由访问那些适合自己的图书馆信息资源。

5.服务手段网络化

图书馆的信息服务与传统的信息服务不同，首先是信息机构网络化，变单体为组合，多种多样的信息服务机构构成四通八达的信息服务网络。其次是信息资源网络化，变独享为共享，各信息服务机构致力于开发各种各样的专业数据库并将它们提供上网，汇成信息十分丰富的网络信息资源。其三是信息服务网络化，变手工服务为网络服务，信息服务人员利用网络信息资源来满足用户资源需求，而且让用户参与信息的收集与研究。

6.资源利用共享化

以数字化资源为基础，以网络技术为手段，实现跨越时空的资源共知共建共享，是人类实现共知共享全球信息的崇高理想。图书馆的资源共享使众多的图书馆能够借助网络获取自身无法具备的数字信息，同时也能够将自身拥有的数据信息提供给网络用户共享，从而尽可能地避免资源重复建设，极大地拓展信息资源的拥有量，最终使整个社会的信息获知能力得以提高。

7.服务环境开放化

在网络出现以前，图书馆建筑实体的围墙实际上界定了图书馆信息服务工作的范围。图书馆信息服务环境从封闭式实体馆舍转变到开放式数字空间，计算机网络将图书馆置身于广阔的信息空间里，最大限度地拓展了图书馆信息交流与服务的空间，图书馆真正进入一个共建共享、共同发展的新阶段。

8.服务范围市场化、社会化

图书馆信息服务的服务范围与用户越来越市场化和社会化。面对市场经济和网络化社会，读者利用图书馆，不再限于单纯利用书目信息服务，获取所需文献的线索或从图书馆获取原文，而是能得到全程性、全方位的知识信息。网络技术的发展为读者提供了开放化信息需求的客观环境，加速了读者信息需求社会化的进程，信息产品已成为图书馆自立于信息社会和市场的一个标志。图书馆为了自己的生存和发展，必须走信息服务社会化之路，为广大的信息用户服务。

9.信息检索智能化

图书馆的检索技术不是采用传统图书馆中惯用的关键词及其逻辑组合的方法，而是通过智能式人机交互方式来检索信息。以知识为基础的智能检索方法，是数字图书馆在信息检索方法上的重大变革。读者可以通过自己的"自然语言"，不断地与系统进行交互，逐步缩小搜索目标，获取自己所需的文献资料。

（二）图书馆信息服务的方式

1.公共目录查询服务

目前大多数图书馆都提供了联机模式或WEB模式的公共目录查询服务，供读者通过网络查询本馆的馆藏书目信息以及读者的个人借阅信息。这是图书馆实现服务网络化的标志性、基础性的服务模式，也是应用最为普遍的网络化服务方式。

2.建立图书馆门户或网站

网站作为图书馆提供各类网上信息服务的基础平台或服务窗口，是网络信息技术在图书馆服务领域的重要应用。目前，要想获得某图书馆的各种网上信息服务，通常是从登录该馆网站开始的。

3.一般性读者服务

一般性读者服务主要是通过网站提供以下服务内容：

（1）图书馆要闻。将图书馆的最新消息，如新引进的数据库、新提供的服务等信息发布在网页的醒目位置，帮助读者跟踪最新的服务动态；

（2）图书馆概况。一般包括图书馆简介、馆藏状况、机构设置等内容；

（3）读者指南。主要是在网站主页上放置读者帮助信息，包括开馆时间、馆藏布局、服务项目介绍以及常用软件工具下载、检索指南等辅助性内容；

（4）读者意见及反馈。主要通过电子邮件、留言簿、电子公告板（BBS）等方式实现。

4.数字文献检索服务

此项服务是图书馆信息服务的核心内容和基础性服务模式，主要通过可供网上查询的各类数据库来实现。根据数据库的文献信息类型、载体形式、使用方式，可概括为以下几种主要服务方式。

（1）光盘数据库网上检索服务。主要通过光盘镜像发市软件、WEB检索接口软件等，实现光盘数据库资源的网上检索利用；

（2）网络数据库镜像服务。通过建立网络数据库本地镜像的方式，能极大地提高图书馆数字文献的网络检索服务质量；

（3）在线数据库授权检索服务。通过购买数据库网络使用权，开展网络虚拟资源检索服务，已成为网络环境下文献信息服务的重要组成部分；

（4）自建特色数据库服务。近年来，许多大中型图书馆都建立了特色文献数据库，提供网上查询服务。

5.数字化参考咨询服务

随着信息技术的迅猛发展，图书馆正在兴起一种新型的信息咨询服务模式—数字化参考咨询（Digital Reference Service），也称为虚拟参考咨询服务（Virtual Reference Service）、网络参考咨询（Networked Reference Service）或在线参考咨询（Online Reference Service）。数字化参考咨询使得咨询工作不再受时间和空间的限制，它主要通过以下几种常见的服务模式向远程用户提供同步咨询、异步咨询和合作式咨询服务，随时解答用户的问题。数字化参考咨询服务包括：自助式咨询模式、电子邮件（E-mail）咨询模式、Homepage（信息咨询网页）模式、实时咨询模式、网络信息专家咨询系统模式、网络合作咨询模式等。

6.资源导航服务

根据用户需要，图书馆利用导航技术，帮助用户查找、鉴别和选用信息资源。如资源分类浏览服务、新书导读、学科指南、数据库指南等。把常用的、重要的数据库地址或相关的信息资源预先汇集起来，或建立专业导航库，帮助用户从网上查找所需有价值的信息；同时，通过搜索引擎等各种检索工具，搜集、加工和整理网上各种有用信息资源，转化为用户所需要的特定信息，提供给用户。

7.特色化服务

特色化服务主要包括：

（1）电子文献传递、馆际互借服务。利用文献传递系统，与国内外的同行和有关部门建立同盟，达成文献传递的协作关系，向各自的服务对象提供电子文献传递服务；并通过电子邮件、传真、复印等方式传递给用户；

（2）中间代理服务。如为用户提供科技查新、代查代检等服务；

（3）学科导航；

（4）新书评介、导读服务；

（5）期刊目次通告服务；

（6）多媒体信息服务等；

（7）个性化服务。利用信息过滤、信息报送和数据挖掘等智能技术，针对不同用户采取不同的服务策略，提供主动服务，使用户通过尽可能小的努力获得尽可能好的服务；

（8）多媒体信息点播；

（9）基于学科馆员的知识服务。

8.网络教育

网络教育是一种全新的教育方式，采用远程教学，利用多媒体技术，将课程教育、专题教育、普及教育等方式结合，满足用户教育的需求。

（三）图书馆信息服务模式

随着图书馆逐步发展和成熟，数字信息资源、信息服务系统和用户信息环境的发展与变化，其信息服务模式经历了一个由"馆员中心""资源产品中心"到"用户中心"的发展变化过程。

1.馆员中心服务模式

馆员中心服务模式是一种从信息服务人员出发，并以信息服务人员为中心的服务模式。从图中可以看出，信息服务人员在这一模式中处于主动、主要和中心的地位，是信息服务工作的中心，一切工作以是否有利于服务人员开展服务工作为目的，而过少考虑信息用户的主动参与。用户自始至终处于被动接受的地位，不能主动地选择和参与信息服务产品的生产，只能坐等服务人员给他们提供产品，他们的需求在服务人员的信息服务工作中得不到充分的反映，因而也就得不到充分有效的满足。这种被动坐等的信息服务模式很难适应图书馆信息用户的需求。

2.资源/产品中心服务模式

资源产品中心服务模式，是一种面向信息资源的，并以信息服务产品为中心的信息服务工作模式。信息服务人员通过对信息资源加工增值形成信息服务产品，并以某种策略与方式提供给信息用户使用。在这种服务模式中，服务活动的中心是信息资源与产品，关注的是信息资源的加工和服务产品的生产，服务人员较少去考虑信息用户的需要。此服务模式各要素中突出服务资源、产品的地位，用户是客体，始终有求于图书馆，居于从属地位，信息服务人员的特定服务和信息用户的能动性受到忽视。这是一种传统型的信息服务模式，在图书馆发展的初期阶段发挥了重要作用，但随着图书馆信息环境的变化与发展，此模式在数字图书馆信息服务中已经缺乏生机与活力。

3.用户中心服务模式

用户中心服务模式，就是信息服务工作一切从用户信息活动出发，基于信息用户的信息需求并以用户信息需求的满足与问题解决为目标的信息服务工作模式。信息服务工作从信息用户出发，根据信息用户的信息需求与解决问题的信息活动的需要，以某种策略与方式生产用户需要的信息产品提供给信息用户，用户需求与问题在这个服务活动中得到彻底解决。用户中心服务模式充分注意到了图书馆信息服务活动各要素之间合理结合与服务系统功能放大，特别强调了信息用户在信息服务活动中主观能动与参与作用，用户是这一服务模式中的主体。用户中心服务模式是当今与未来数字图书馆信息服务的主流模式。

（三）图书馆信息服务原则

信息社会对图书馆信息服务提出了更高的要求，文献的服务方式、服务内容、服务手段、服务范围、服务意识、服务模式等都有较大的调整和转变。因此，我们应该遵循以下文献服务工作的原则。

1.服务方式多样化

人类进入21世纪，现代信息技术发展突飞猛进，传统馆藏内涵的扩充和数字图书馆的出现，对图书馆的传统文献服务工作方式提出了挑战。信息社会是以数据库信息技术为利用对象，以信息技术为手段，以电子文献的形式提供给用户的交互服务。文献信息传递具有多向性的特点，图书馆一对一、人对人的传递方式将一对几、机对人、几对机的情报型传递方式所取代。对一个图书馆的评价已不仅仅局限于馆藏量、座位数等。而应评价图书馆通过多少种方式为读者提供了服务，以及提供各种服务的快捷性、能力和质量等如何。

2.服务内容个性化

在信息社会，图书馆面对的将是建立在广泛基础上的需求日趋多元化、个性化的用户，图书馆要改变以馆藏为中心的传统服务模式。代之以藏用并重甚至以用为主，最终目标是针对每一个人和每一项特定任务，为特定的信息找到特定的用户，使信息发挥最大效用。目前，基于网络环境的个性化信息服务模式已初露端倪，大体有词表导航、推送服务、信息传播服务等中介信息服务。图书馆员要密切关注网络环境下信息服务的发展和变化，及时掌握新技术，才能保证并满足用户个性化价值追求的需要。

3.服务手段网络化

传统的文献服务手段是单一的。读者通过口头咨询或利用各种索引及文摘等检索工具检索到所需图书的有关信息。然后到借阅窗口索取文献，在阅览方面，也是只能提供现有的纸质文献，而且是只能自己去阅读。在其他方面，服务手段也缺少。

在信息社会中，图书馆信息服务手段发生了根本性的变革，由传统的文献信息服务转变到网络化信息服务，出现了数据库、电子出版物、电子邮件等形式的多种服务手段。读者的咨询除了面对面、信函、电话等外，还可以利用终端机通过网络进行信息远程查询，在网上进行交互式问答，通过电子函件进行服务，读者的检索可以随时随地在网上进行，查询范围也超越了馆藏的界限，可以利用整个网络世界的信息资源，提供网络查询服务将是图书馆服务的一个主窗口。

4.服务范围远程化

传统的文献服务工作总是处在一个特定的地域范围内，都有自己的特定服务对象，通常人们会按照"就近原则"选择离自己最近的图书馆。这种传统的服务方式存在两个弊端：一是少数图书馆拥有的信息资源必定有限，二是各图书馆服务读者范围相对固定.不利于信息资源的广泛传播和充分利用。互联网的出现，使单个图书馆成为信息网络上的一个节点，人们可以在网络中使用全地区、全国、全球的信息资源，读者对图书馆存取方式可以不受时空限制。

5.服务意识超前化

文献服务意识强，图书馆发展就快。文献服务意识的强弱，对图书馆的发展起着不可低估的作用，而且服务与发展相辅相成。传统的文献服务观念落后。只求馆藏数量，不讲馆藏质量；重藏轻用，忽视信息传播。使图书馆服务大多仅仅停留在书籍报刊服务上。经济问题、管理问题及科技实用技术等方面所占比例则较小。总的来说是宏观的多，主动服务的少，这些传统观念严重制约着图书馆的健康发展。

在信息社会和知识经济时代，服务意识超前化是图书馆加强文献服务工作首先要解决好的问题。图书馆文献服务人员必须更新观念，彻底改变旧思想，旧观念。一是要树立竞争意识，开拓创新，不被社会淘汰。二是要改变"重藏轻用"的观念，改变旧的一套封闭式的、守株待兔式的服务模式，去适应信息社会图书馆读者服务工作的需要。三是要改变"以我为中心"的思想，任何规章制度的制定，图书的采访，分类编目体系等都应照顾到读者的利益。

6.服务模式集成化

集成服务是信息社会中图书馆提供文献服务的发展模式。所谓集成文献服务是指对于某一特定领域或某一特定用户的文献需求，把文献资源保障体系诸要素（功能要素，信息要素，技术要素等）有机地连接成一个整体，使用户得到面向主题的文献服务。

二、图书馆信息服务体系的构成

（一）信息服务原则

信息服务原则是制订信息服务规则、构造信息服务流程的基本理念，它在整个信息服务体系中起着主导作用。

1.个性化服务原则

最大程度地满足每个读者的个性化要求，从而与读者产生互动的个性化主动服务能真正体现用户为中心，使读者产生归属感和认同感。另外，可以把信息服务对象按不同的标准进行细分，并根据其不同的特点确定最适当的服务方式和内容。

2.易用性原则

实践证明，易用与可用是影响用户信息查寻行为的两个重要因素。一个优秀的信息服务体系，在设计业务流程时，应首先从方便用户使用出发，简化流程操作，强化系统功能，提供培训与帮助，消除阻滞因素，从而提高信息产品的利用率。

3.协作服务原则

积极利用现代信息技术手段开展体系内协作、馆际间协作能整合优势资源，进行大规模、全方位、多层次、高效能的服务。

4.合法性原则

图书馆开展信息服务应当保障公民自由获取信息的基本权利，同时不可违背相关法律法规，并从可靠性、系统性和完整性方面对信息质量把关，以使信息服务工作产生积极的社会效益。

（二）信息服务相关制度

1.组织与经费保障制度

图书馆信息服务体系作为一个整体，应有完善的配套制度。人员组织与资源是这个体系的基础，因而在馆际协作服务体系中应当有地区性协作中心制订相关的制度，以形成约束力，保证体系的正常运转。

2.业务规范

联合协作的前提是遵循共同的规范。包含联合数据规范、通用接口协议、文献传递流程、联合咨询的轮值制度、馆际互借的经费支付办法等等。

（三）信息服务系统

信息服务系统是图书馆进行信息服务的实体，包含以下几方面的内容：

1.资源

包含信息服务组织结构内一切馆藏文献、数据库、网络虚拟资源的总和。一次文献资源可通过购买、搜集（如利用SPIDER进行的网络信息挖掘或手工搜索）等手段获取，通过地区性协作组织进行联合采购是充分利用有限经费的有效方法之一。同时还要注意二次文献资源的建设，如编制专题文摘、索引等。

2.组织结构

图书馆传统信息参考组织结构采用的基本是馆长—部主任—信息服务人员模式的直线制结构，工作人员以参考咨询部门为主体，机构较为简单，难以适应多样化的信息需求。以馆际互借服务为例，一个基本的业务流程，就涉及到双方馆的信息咨询部（接收并处理互借请求）、技术部（开发维护馆际互借平台）、读者服务部（提供所需文献）、文献资源建设部（编制维护联合目录）等多个部门，任何一个环节出现问题，就会导致整个服务流程的阻滞。这就要求图书馆信息服务系统应当采取能纵横协调的多维多层的组织结构，方能使多项专门任务能在一个组织之内平衡协调地完成。

3.信息处理平台

在信息技术高度发达的今天，建立起能在分布式环境下提供集成化服务的信息处理平台则是图书馆信息服务体系的必要手段，体现了"法"的因素。

（1）信息整合：从信息资源的构成看，大量资源来自异构的检索平台、多样化的语种、不同的访问权限，各类型资源的内容也存在着一定的交叉重复，导致检索时既需掌握多种系统的使用方法，又需要利用不同检索工具。

重复使用各种检索策略，造成人力浪费和检索效率的低下，甚至出现人为的遗漏，使信息资源难以实现交互式的完全共享。要解决这些问题，应通过开放语言描述集成定制结构或流程，以分布服务和开放描述支持对资源（如OPAC、各类型数据库、网络信息资源库、实时咨询知识库等）的动态的搜寻、调用、解析和转换，通过开放链接进行数据对象的传递，从而使集成本身形成可解析、可复用、可伸缩、可扩展的知识元库，然后通过开放式协议对分布式信息资源进行有效整合。

（2）信息分析评审：对于知识元库中的数据，经过动化技术聚类、摘要、提取后，还可由计算机系统自动分析或分发至咨询专家进行分析、评审，以确认其价值并提供给相应的用户。

4.服务平台

网络信息服务大量的需求来自不同的读者类型、要求提供不同种类的资源、信息传递与推送也必须经过不同的途径，故而在实行服务时，需要从易用性原则出发，将模块化的服务平台（如终端用户检索软件模块、在线咨询交流软件、个性化服务定制与推送软件模块、快速物流传递系统等）集成在统一的用户界面下，使读者享受到快捷高效、交互型的一站式服务。以中国人民大学图书馆为例，其"数字图书馆个性化信息服务系统"集数字资源检索、个性化推荐、在线交互咨询服务为一体，读者可整合检索包含馆藏书目、馆内光盘数据库资源以及各种许可范围内的网络数据库资源；可直接进行续借、预约，在线阅读全文电子书，下载部分论文全文；自动根据用户填写的研究方向为用户推荐相应的图书论文资源，同时据用户对资源的一些反馈信息来进行协同推荐；还可进行在线交互式咨询。

第三节　图书馆的管理服务体系

在我国，对于图书馆管理含义的认识，是随着国外管理学理论和方法的译介，以及图书馆管理实践的发展深化而逐渐完善起来的。

一、图书馆管理的对象

图书馆管理的对象有三大部分：人力资源管理、物力资源管理和财力资源管理。人力资源管理包括图书馆员工管理和读者管理；物力资源管理包括图书馆的文献信息管理、图书馆的建筑和设备管理以及技术方法管理；财力资源管理指图书馆的各项经费开支以及各种经营性收入管理。

（一）图书馆人才资源管理

1.员工管理

图书馆员工是图书馆连接文献信息与读者的纽带和桥梁，是图书馆活动的管理者和组织者。图书馆工作效益的高低和社会影响的好坏，取决于图书馆的员工，所以图书馆员工是管理的主体要素。图书馆的员工分为图书馆专业人员、图书馆技术人员和图书馆行政人员三大部分。管理者应通过定岗、定员、考核、选举、激励等多种形式，激发员工的积极性和创造性，调动他们的潜力，使员工的聪明才智得到充分发挥，努力做到人尽其才、各得其所、各获其荣。

2.读者管理

读者又称为"用户"，是图书馆的服务对象。图书馆因读者而生存，读者的存在和需要是图书馆生存和发展的动力。由于图书馆读者群的复杂性、多变性和信息需求的多样性，读者管理成为图书馆管理中最活跃的要素。管理者必须树立"读者至上"的思想，一切管理工作都以用户文献信息需求为出发点和归宿，最大限度地满足读者日益增长的知识信息需求。

（二）图书馆物力资源管理

1.文献信息资源

图书馆的文献信息资源统称"图书"，是图书馆的"立身之本"，也是图书馆存在的先决条件，是图书馆系统中最基本的要素。它是根据图书馆的性质、任务和方针，以及特定读者群的文献信息需求，经过长期日积月累而形成的文献信息体系。图书馆的文献信息资源随着科学技术的发展，载体越来越丰富多样，有印刷型资源、缩微型资源、声像资源、电子型资源和网络资源等。对这些资源进行管理既要确保文献信息资源的系统完整，又要便于读者对文献信息的充分利用；既要着眼于馆藏的特色建设，又要做好资源的共建共享。

2.建筑设备

建筑设备又称"设备"，是图书馆生存的物质条件。传统图书馆设备包括：建筑、书架、目录柜、阅览桌椅等。图书馆设备，除了传统图书馆设施以外，还包括许多现代化技术设备，如视听设备、复印设备、缩微阅读设备、传真设备、文字处理设备、图书馆计算机自动化系统、图书馆消防安全系统、中央空调系统、局域网以及互联网接口等。这些设备可统分为两大部分：一部分是围绕着业务工作而产生的现代化技术设备系统；另一部分是为业务主体服务的行政后勤服务技术设备系统。

3.技术设备

图书馆的技术设备，以自动化系统为核心，由计算机软件系统、硬件系统和数据库三大部分组成。随着科学技术的发展，数字化图书馆的出现，信息设施、信息资源、信息人员的智力将融为一体，图书馆的自动化系统会越来越趋于完善。图书馆的建筑设备将会随着这些技术方法的应用而发生很大的变化。为此，图书馆的管理者应用战略的眼光去规划和建设图书馆文献信息服务技术设施体系，为信息资源体系的形成、维护、发展，以及开发利用提供条件。

（三）图书馆财力资源管理

图书馆的财力资源主要来源于政府对图书馆的拨款，以及社会各界对图书馆的资金投入。图书馆的经费开支主要用于购置各种载体的文献信息资料、业务活动开支、行政管理费用、员工工资、设备维护费等。经费预算是图书馆经费管理的一项基础工作，在预算的执行过程中，应该有严格的经费结算制度。管理者应通过核算执行情况，为经费管理提供相关信息。在经费管理过程中，应加强财务制度，严格执行有关的财务制度和规范，通过严格的财务制度管理图书馆的经费，以最低的成本产出最大的效益。

二、图书馆管理基本要求与内容

（一）图书馆管理基本要求

图书馆管理的基本要求是管理规格化，劳动组织合理化，工作人员专业化，业务工作计量化。具体地说管理规格化是指有完善的规章条例和业务标准，所以，图书馆管理的规章条例化和业务技术标准化是规格化的两大内容。劳动组织合理化是指以最经济的人力取得最佳的工作效果是图书馆合理的劳动组织所要达到的主要目标，为了实现这个目标，必须：

（1）根据本馆的性质和具体任务，以节约人力、方便管理、减少层次、提高效率为原则，合理建立业务机构；

（2）根据本馆收藏的文献资料的类型和用户需要的特点，科学地划分工序和工作范围；

（3）建立岗位责任制，明确规定职责范围，让每一个部门和每1个工作人员都承担起应负的责任，做到各负其责，各尽其力。

工作人员专业化是指培养一支合格的专业化队伍，是实现图书馆管理目标的必要措施。图书馆工作人员的专业化包括两个方面：一是必须具备图书馆学、信息学的基本知识和图书馆工作的基本技能；另一个是向文献信息工作专门化的方向发展。业务工作计量化是指建立一套系统的图书馆管理统计制度。统计数据能够反映图书馆的基本情况，是改进工作、提高服务质量的重要依据，对于图书馆实行科学有效的管理可以起到"耳目"和"参谋"的作用。

（二）图书馆管理内容

图书馆管理是通过决策、计划、组织、控制、协调实现的。各环节之间不是相互割裂的，是互互联系、相互制约，共同作用于管理运动的全过程，形成了图书馆管理的特定内容。

1.决策

任何图书馆系统及其所属的子系统的管理过程，都离不开正确的决策。图书馆系统的决策，主要包括：图书馆发展方针、政策、战略方面的决策；

各项业务工作的决策，如采集文献品种与复本数量的决策，分类法的选择，馆藏划分最优方案的选择，排架方式的选择，开架与闭架方式的选择等等。人事方面的决策，包括人员智力结构的确定，人员更新与培训的方式，奖惩制度的制订等等。财务、设备方面的决策，包括经费及其合理分配，设备、用品的选择等等。

2.计划

这是管理过程中的一个十分重要的因素。计划是一种预测未来、确定目标、决定政策、选择方案的连续过程，是图书馆各项活动的指针，图书馆系统的各方面决策都是要通过计划去实现的。图书馆计划包括两个基本方面：一是国家图书馆事业发展计划，一是个体图书馆的发展计划。

计划是由定额、指标、平衡三部分组成的。各项定额是发展计划的基础，计划的内容和任务则体现在指标上，计划就是综合平衡，平衡表是基本手段和工具。国家图书馆事业发展计划是各分项计划的集合，一个馆的总体计划是本馆内各个部门计划的集合。在制定各项计划时，应明确该项计划的主要任务及其在总体规划中的地位和作用，认真选取衡量该计划发展水平的主要指标，规定发展的规模和发展速度，突出发展重点，规定适当比例，注意各计划之间的协调。

3.组织

组织指对各项活动所需的资源加以组合，建立组织的活动与职权间的关系的过程。组织是发挥管理职能、实现管理目标、完成计划的保证。组织工作是一个分工的行为，同时又是一个组织各方进行协作的行为。组织工作还包括人事工作，即为组织的工作过程中设置的工作岗位配备合适的职工人选。因此，在图书馆管理系统中必须要有健全的组织机构，明确各个工作岗位的职责，确立各级人员之间的相互关系，做到职责分明，权责结合。

4.领导

领导工作是影响人们为实现组织的目标而努力。包括激励、领导的方式方法、沟通等问题。图书馆要建立合理的领导层的群体结构，注意选拔主导型人才，重视领导者群体的智力结构，加强领导者之间的团结协作。图书馆的领导应当注意在正确运用合法权力、奖励权力之外，学习和掌握图书馆专业知识和管理知识，不断完善本人各方面的素质，增强自己的专家权力和个人影响力。

5.控制

这是按既定的工作计划、标准去衡量各项工作成果，并纠正偏差，使工作按计划的方向进行。所以，控制不仅是对现有工作成果的评定，更重要的是认识和判断工作发展的趋势并为改进工作提供信息反馈。可以说，没有良好的信息反馈，图书馆就无法对自己的各项工作进行有效的控制·这是因为控制的功能是通过输入、中间转换、输出、反馈四个环节实现的。

6.协调

协调是管理过程中不可缺少的环节，它可以使图书馆事业的建设或一个图书馆的各项工作趋向和谐，避免矛盾和脱节现象。图书馆的协调，从微观角度看，指的是图书馆内部纵向和横向的协调。纵向协调，就是要保持图书馆各层次子系统的上下平衡；横向协调，就是要保持图书馆系统各层次彼此之间的协作、以避免各个工作环节和各个部门之间发生脱节或失调现象。图书馆的协调，从宏观角度看，是指与图书馆外部的协调。这种馆际之间的协调，也分为纵向层次的协调和横向层次的协调。纵向层次的协调指的是本系统图书馆从上至下的协调；横向层次协调指的是本图书馆系统方针、任务与其他图书馆系统的协调。

三、图书馆管理的基本原则与意义

（一）图书馆管理的基本原则

1.集中管理

集中管理是我国图书馆事业管理的重要原则。集中管理包括两个方面内容：一是指图书馆事业建设要有集中统一的管理，以便协调全国各系统、各地区图书馆的工作，有目的地规划全国图书馆事业的发展，组织全国性的图书馆事业网；二是指图书馆业务技术工作的集中管理，即实行图书馆业务技术工作的标准化，其中包括统一分类、统一编目、统一数据存储格式和信息交换标准等。

2.民主管理

民主管理是我国图书馆管理的又一重要原则。所谓民主管理，就是吸收图书馆工作人员和用户代表参加图书馆的管理工作，图书馆可以建立有馆员和用户代表参加的民主管理组织。建立这个组织的目的是提高图书馆的管理水平，它在图书馆管理中起着参谋作用，其任务是：

（1）对图书馆工作提出合理化建议和改进意见；

（2）督促图书馆工作计划的执行；

（3）对专业人员的安排和使用提出建议；

（4）对领导干部的工作进行监督等。

3.计划管理

这也是我国图书馆管理的重要原则。图书馆的计划管理就是要发挥工作计划在管理过程中的作用。工作计划是根据客观实际情况和工作任务的要求，预先确定开展工作的目标、措施和步骤以及方法等等。工作计划可以分全馆计划、部门计划或某一项工作的专门计划。制订工作计划必须从实际出发，留有余地。在执行计划的过程中要随着客观情况的变化对计划做适当的修改。如果工作无计划，就不能有效地组织业务活动。因此，正确地制定和执行各种工作计划是图书馆管理中不可缺少的环节。

4.注重经济效果

注重经济效果就是要研究如何合理地使用人力和经费，最充分地发挥图书馆各种设备的能力，建立最优化的文献信息资料的收藏系统和服务系统，以及与之相适应的各种科学的规章制度和条件。要力求用最少的经费补充用户最需要、最有使用价值的文献资料，用最经济的劳动加工整理各种文献信息，用最快的速度为用户提供各种资料，并使图书馆的各种设备最大限度地发挥作用，从而保证图书馆各种活动的最大效能。这些应该是图书馆管理所追求的目标。人力、物力、财力和时间的浪费以及无效劳动，都是与图书馆管理的原则不相容的。注重经济效果，应当成为图书馆管理的一项基本原则。

（二）图书馆管理的意义

1.图书馆管理是图书馆事业具有全国规模的需要

图书馆工作是在科学发展和社会进步的推动下不断向前发展的，它自身同样经历着又分化又综合的过程。在科学文化信息交流中分化出图书馆系统，图书馆系统又分化成各种子系统和二级子系统；这些子系统和二级子系统又相互依赖，互相制约，不可分割，共存于图书馆系统的统一体中，共同完成向社会提供文献信息的任务。

随着人类社会的进步和科学文化的发展，图书馆的数量不断增多，类型不断增加，同用户的联系面更加广泛。这说明图书馆已不是孤立的单个的存在，而是一个社会的有机整体。因此，需要通过管理密切图书馆与图书馆之间、图书馆与用户之间的联系。

图书馆事业是由各种不同类型的图书馆组成。要使具有全国规模的图书馆事业布局合理，使之协调而又有计划地发展，必须对全国图书馆事业实行科学有效的管理，以便把丰富的文献资源当作全社会的共同财富，有效地加以开发和利用。

2.图书馆管理是有效利用信息资源的需要

信息广泛存在于自然界和人类社会，包括自然信息、社会信息、生命信息和机器信息。对于人类来讲，每时每刻都在传递和接受着大量的信息.其核心是知识。信息是动态的概念，它只有在流通中才能发挥作用。只有运用科学的方法加以管理，信息的价值才能得到有效的体现。

当前社会中，文献是主要的信息来源，是信息存在的一种物质形态。在文献量激增的当代社会里，要求图书馆对数量庞大、内容复杂的文献资料进行准确地挑选和科学地整理加工，以便及时将信息传递到用户手中，没有对文献信息资源科学有效的管理是根本不可能做到的。所以科学有效的管理是有效利用信息资源的前提。

3.科学有效的管理是实现图书馆工作现代化的需要

图书馆组织管理的有效性和科学性、既是图书馆工作现代化的需要，也是实现图书馆工作现代化的基础。没有图书馆组织管理的科学化，也就无法实现图书馆工作的现代化。例如，要建立起拥有先进的技术和设备、能够迅速准确地将文献信息资料传递到用户手中的信息网络，就必须加强对图书馆工作和图书馆事业的科学有效的管理。没有科学有效的管理，不提高图书馆管理的水平，即使有了先进技术和设备，也不能充分发挥作用。现代化信息网络的建设及其作用的发挥，不仅取决于现代化的技术和设备，而且取决于图书馆管理的水平。

第四节　现代图书馆服务创新

一、图书馆服务创新的概念

现代化的社会，主要就是知识型的经济社会，对于知识的利用以及传播，都在以快速的方式发展着，而且成了经济发展和人类进步最为强大的动力。随着信息技术，网络多媒体技术的不断发展与广泛地应用，在图书馆中的工作也将发生转变，而且图书馆的学科体系将会面临更进一步的创新。

随着知识经济的发展与兴起，信息时代也已经到来，怎样将大量且杂乱的信息内容进行整合，怎样把静态的信息转化为动态的信息，怎样能够将有效地信息在网络上进行传播，还有怎样能将信息转化为现实的生产力，并且能够创造一定的效益，这也是人们对于新时代下图书馆的新要求。而图书馆作为服务业怎样能够及时抓住机遇，去进行一定的创新，迎接各方面的挑战呢，下面我们将对此进行论述。

首先，我们要清楚国家的图书馆领域面对了哪些现实问题。在网络的背景之下，广大的图书馆用户对于信息和知识服务方面的需求有了一定的转变，他们要求图书馆所提供的信息和知识一定要高效化，便捷化，全方位以及电子化，开放化等。还要求图书馆的数据库一定要能够提供最新的各类信息，要网络化；另外还不能受到时间和空间的约束，让用户能够随时去得到想要得到的资料，而且所获得的资料信息一定是图书馆经过加工过的比较有价值的内容。对于广大图书馆的用户在需求方面的转变，也就决定了我们国家图书馆业在管理方式，服务的手段以及内容方面都要跟随用户的需求进行一定的改变。

如果图书馆的服务要有一定的创新，在面对如此严峻的现实挑战下，我们对其进行分别讨论。

（一）统一全国图书馆信息的管理

在现如今的网络环境之下，图书馆行业也受到了严峻的挑战，当然，也有一定的优势，那就是将图书馆与图书馆之间的联系提供了便捷的条件。图书馆可以运用网络环境，把馆与馆之间有关系的资源进行一定的整合，再将其形成一种全国性的，灵活的图书馆信息的管理组织。所形成的这种新型管理的组织能够打破一定的界限，突破组织的结构的界限，这样就比较有利于图书馆借助外力来整合一些外部的资源。所以，有的人将其称为是一种虚拟的组织。那么图书馆可以采用这种虚拟的组织对各个馆之间的联系进行加强，以此来实现我们国家在图书馆业资源的共享和互补，以达到馆与馆之间的合作关系。当然，同时也能够提高网络上的用户及时获取图书馆的信息和资源。同时还能够完成一定的联机共享和线上的采购。

（二）对图书馆内部组织进行重新设置

如果要满足在网络的环境之下，图书馆广大用户的各类新需求，那么，对于图书馆的内部组织也应该进行重新的设置。

在传统的图书馆中，其组织的结构一般是按照文献的加工及利用时间，文献的类型以及按照部门进行阅览，设立和采编的。这样的模式能够很好的体现出来图书馆内部的工作流程和步骤，但是却对于图书馆最终是为了服务于广大用户的总之却忽略了。现代化的图书馆的管理理念以及部门的功能思路是，要以读者作为基本条件进行管理。所以图书馆应该也要按照这种新思路去开启图书馆的管理模式。首先，应该在图书馆中尽量设置一些信息及文献的整理，也就是将典藏和采编所组成的信息文献进行整理的整理部门，这样就能够从一定程度上实现书刊和采编的一体化功能；其次，要在图书馆中设置信息的服务部门，在这个部门中主要包含了文件的教学，宣传和辅导，情报信息的咨询，流通以及阅览等部门，是为了能够提供以传统的印刷文献作为主体的一系列的服务。再次，在图书馆中还应该设置电子信息的技术服务部门，这个部门主要包含了网络，光盘的检索，复制以及多媒体等一些部门，主要的任务就是能够开展电子信息化的服务，对于馆藏的数据库进行进一步的开发，还能够负责全图书馆中技术设备的维修；最后，在图书馆中还应该设置馆长专门的办公室，目的就是为了能够管理整个图书馆提倡的行政事务以及各个业务部门后勤的保障。这种对于图书馆的内部组织进行重新设置的模式，不但对图书管理员在工作效率方面有一定的提升，同时，还能够将图书馆中的机构进行大量的简化，这种新模式特别适用于那种中小型的图书馆。

（三）图书管理员综合素质的提升能够创造较好的服务氛围

即使信息化的技术对于图书馆来说是特别重要的，但是，它也仅仅能够作为一种信息管理的一种工具而已，不管信息化的技术有多么领先，都不能够替代图书管理员的地位。在以前，图书馆经常比较关注的是实际的工作，在学术的研究方面基本没有关注，而且因为人们对于图书馆的业务特点没有一个正确的了解，这就使得图书馆中被迫接受了很多的在专业知识方面比较缺乏的管理人员。这样的现实情况，对于图书馆未来的服务创新是非常不利的。在现代化的信息技术背景之下，对于图书管理员的要求也越来越严峻，如果要适应时代的发展以及符合现代化信息技术的条件，那么，这些图书管理员在自我整体的素质方面都应该得到努力的提升，这是当务之急必须要解决的问题。当然，图书馆还应该通过各种考核机制，大量去吸引专业技术比较强的人才，同时对于图书馆中的管理人员也要采取一定的激励机制，对他们的继续教育问题进行积极地开展。对员工要适当地去鼓励，让他们多去参加一些学术方面的交流活动；还要鼓励员工尽量参加一些提升自己学历方面的教育机构；对于从事的图书馆情报方面的学术研究，也应该鼓励员工去从事；另外，要鼓励员工和馆外的个人或者机构建立长期合作的关系，要让他们联合起来去承担图书馆中的科研任务；最后，对于员工给图书馆在科学管理方面提出合理化的建议和意见要欣然接受，及时采纳。要通过一定的专业化的学习，去提高和培养图书管理员与图书馆的整体适应和创新的能力。

图书管理员如果在信息服务的过程当中，能够有效去利用现代化的高技术措施，那么就一定要充分调动起广大用户利用图书馆积极性和能动性，这样对于图书馆未来的发展是十分有帮助的。所以，一定要对图书馆的管理人员在信息技术方面的认识进行培养以及提高，这样就能够使得他们更好地去了解个人的通信技术方面的知识，多媒体相关的知识，网络技术方面的相关知识，智能应用的系统知识，计算机高性能的系统技术等，另外还需要关注图书管理人员能够有创造性的去对图书馆现在所拥有的资源知识进行综合利用，对他们这方面能力的培养也应该适当的加强，必须让图书管理人员能够紧密的围绕着信息化的市场热点不断变化，而开展定时的跟踪与专题的服务，能够及时地去调整服务的方向，最新掌握信息的服务主动权力。之后再把经过筛选和加工之后有效地信息能够准确且及时地传递给图书馆的广大用户。另外，图书馆对于管理员在管理的过程中，一定要充分发挥他们的优势，以此来满足不同的图书馆用户的各种需求，以便为广大的图书馆用户能够提供一个比较良好的图书馆的信息服务氛围。

（四）要让用户充分利用图书馆的功能

在面对现代化的图书馆时，其中的信息系统中是存在较多的数据库，假如没有图书馆中专业的技术人员的专业指导，那么广大的图书馆用户想要从合适的地方能够及时地去获取他们所想要得到的信息的话，是非常困难的。如果要想让广大图书馆用户能够在获取他们所要得到的信息方面能够顺利进行的话，那么只依赖专题的数据库是远远达不到的，在这个时候，就需要图书管理人员对广大图书馆的用户在行为方面要进行正确的引导，以此去提高用户在利用图书馆方面的技能。

那么对于图书馆广大的用户在行为方面的引导，其主要的方式有以下几类。首先，图书馆应该定期为图书馆的用户提供一些网络的用户专业培训。因为在目前的情况下，我们国家的人口在信息的利用能力方面以及知识的层次方面，大多数人都是处于一种比较低劣的状态，他们中的大多数还不会使用计算机，这对于我们国家的用户来说，就使得他们不会在网上获取自己想要的信息，同时也约束了他们上网的动力，这对信息技术方面的发展来说是一种阻碍的作用。而对于广大的图书馆用户在培训方式方面有很多种，比如，图书馆能够直接在本馆的网站上开设一些培训的课程，供他们去学习。另外，也可以借助一些光盘，录像，或者有专业的指导性的一些资料让广大的图书馆用户进行自学。第二种办法就是图书馆可以编制一种信息技术的相关手册或者资料，在上面给广大图书馆用户提供清楚怎样进行信息方面的检索，怎样去获取自己想要的资料的途径。这类型的信息技术相关的手册就和产品使用的说明书比较相似，让广大图书馆用户能够在阅读的时候就知道怎样去获取自己想要获取的相关信息和知识。第三种方法就是，在网络上信息服务线上设置图书管理人员，这种类型的图书管理人员他的主要任务就是能够给广大的用户提供比较详细的网络方面的导航服务，能够引导读者，如何使用网络的信息技术，可以作为读者进入网络信息技术的引路人，这样对于广大图书馆用户来说，就能够在一定程度上将他们使用图书馆的信息系统的效率得到一定的提高，而且也能够充分地将图书馆中的信息内容进行充分地利用。

综上所述，图书馆能够给社会提供的信息，远远地超过了一定的信息的范围，因为对于图书馆而言，它在传递知识与传播信息方面都是具有很明显的优势的，在现代化的信息技术背景之下，图书馆应该及时抓住机会，充分去发挥图书馆独特的信息资源优势，将之前传统的图书馆管理的模式进行更新，把图书馆最终能够办成一种现代化的信息资源的中心，这样才能够发挥出来在信息时代之下，图书馆所起到的作用。创新，对于当今的时代发展来说，是最为重要的手段，也是最鲜明的特点，当然，对于图书馆的发展来说，也是它源源不断地动力所在，而服务对于图书馆来说，才是图书馆赖以生存的基本因素，所以，图书馆在创新的过程中，一定要对各方面的合作进行加强，弥补自己的不足，吸取别人的精华，和别的机构进行资源信息的共享，这样才能够将服务的功能进行一定的延伸，同时，创新也是将图书馆的活力增强的一种手段，对于未来的新世纪的变革来说，也是蕴藏了很大的力量。因此，图书馆要想能够更好地发展与生存下去，那么，对于自身在创新方面的意识就要不断地去提高，要不断地去适应社会未来发展及用户的需求，这样才能够在当今飞速的信息时代之下，去实现图书馆在未来社会中的价值和意义。

二、高校图书馆服务创新

在现代化，信息技术不断地在进行迅猛的发展，高校的图书馆处在这样的一个时代背景之下，也应该适当去加快它自动化的进度和发展。与此同时，高校的图书馆也是面临着稍显落后的服务，以及广大读者在需求方面的变化等相关的问题。下面我们将从图书馆的服务形式，内容，模式以及创新和理念等这些方面，关于创新的思路进行一定的论述。目的就是为了能够表明创新对于高校的图书馆在服务工作方面有哪些重要的特性。

目前我们所处的时代是一个信息的产品进行日益更换，而且信息的技术进行蓬勃发展的一个新时代。因为信息技术以及计算机网络技术的不断发展，给高校的图书馆在未来的发展以及生存的同时都带来了比较巨大的挑战，以及机遇。图书馆在服务的形式，内容，模式以及理念方面也都会随着信息化方面的发展而进行不断地创新与发展。就图书馆工作的人员来说，他们也应该紧跟时代的发展，不断地对自己传统的思维进行突破，而且一定要打破常规的思维定势。时刻要以发展的目光去发现对图书馆比较有价值，或者是对个人比较有价值的新思想，新事物的一些活动。因为对所有的事物来说，突破才是创新最本质的措施。

（一）高校图书馆的服务理念方面的创新

高校图书馆的服务是否能够真正跟得上现代化时代的潮流，那么就要看高校图书馆在服务方面的理念是否是最新的理念。在高校图书馆工作的管理人员，在实际的工作当中，一定要采取比较合理的工作方式，因为只有这样才能够与广大的图书馆用户之间拉近距离，同时在服务上能够尽量满足广大图书馆用户的需求。当前随着社会的网络信息化不断地发展，因此，很多高校的图书馆在服务方面就提出了最新的宗旨，那就是，一定要将读者放在首位，一切为了给读者提供最优质的服务。而网络信息时代快速的发展，就为图书馆这种主动的服务模式提供了一定的物质条件。目前，对于高校的图书馆读者群体来说，对图书馆的服务理念方面的改变可以引申出很多的内容。

1.给读者提供多样化的服务

这种给予读者提供多样化的服务，就是图书馆的管理人员一定要将自己所掌握的一些图书馆方面的知识，同时，还要将自己对于图书馆内知识资源的一定了解，把更多积极的服务模式去贯穿于自己在平时的工作中各个层面。也就是说，图书馆工作的管理人员一定要为读者提供最充分地服务。而且要拉近和广大读者之间的距离，了解他们在服务方面所有的需求，以便给广大的读者提供更加优质的服务。

2.给读者提供轻松快乐的服务

对于这种类型的服务，就指的是能够让读者在图书馆中学习的时候就能够充分地体验到比较优质的个性化的服务，而且能够让读者在图书馆中享受到轻松快乐的氛围，而这种轻松快乐的氛围就能够大力的吸引广大的读者前来图书馆进行学习。也就是说，这种服务就是在原有的服务传统理念当中加入一些快乐的因素，从而形成一种比较全新的优质及个性化的服务。比如说，在现代化的信息技术当中，有很多新兴的产物出现，像电子书的在线阅读，手机的阅读，还有一些书吧类的阅览室等，这些新兴的电子化信息的产物都无形的在某种程度上对图书馆的服务功能提出了一定的挑战性。所以在图书馆当中，一定要给图书馆的广大读者提供更优质，更新颖的服务理念，这样才不会流失大量的读者。一定要针对在图书馆的读者，从他们的兴趣爱好，心理的特点以及个人的背景方面都能够让其享受到比较个性化的服务。这样就能够使图书馆的读者对图书馆的服务，在满意度方面不断地进行提高。

3.拉近和读者之间的距离，提供人性化服务

图书馆中工作的管理人员一定要尽量去拉近和读者之间的距离，然后给他们提供一些人性化的服务。也就是说一定要更进一步的去搞好图书馆文献资料的保障工作和体系。对于图书馆分馆的建设方面一定要逐渐地完善起来，之后要主动地去贴近读者，了解他们在图书馆方面的各种需求，尽量在

满足读者需求的同时为他们提供最优质的服务。这样就能够解决目前高校当中存在的一些现象，比如，高校的大学生基本都是比较分散的，这样就会导致读者在利用图书馆方面十分不方便，而如果图书馆将分管的建设搞好之后。那么就能够有效地解决这方面的难题。这样就能够为图书馆的用户提供更加人性化的服务，同时让他们感受到来自于图书馆的亲切感。

（二）图书馆的服务模式方面的创新

在现代化背景之下，图书馆应该将其服务模式逐渐向多元化，个性化以及快速化的方向进行发展，这样才能够符合所有图书馆用户的各种需求。就现代化的图书馆这种服务模式来说，一定要全面的了解读者在需求方面的特点，而且与此同时应该加大图书馆管理人员的工作力度，可以从多层次的服务对读者进行全方位的调查。除了这几种服务的模式之外，图书馆也可以利用学校的论坛，校园的网络，微博或者是贴吧等一些沟通交流的渠道，为广大的图书馆用户提供沟通与交流的窗口，同时也应该在这些论坛中开放一些服务的平台，这样就能够及时地了解到广大的图书馆用户在需求方面有什么样的建议和反馈。而且一定要定期地对于图书馆中网络的资源进行相关的开发，要努力的去做好图书馆中文献资源以及数据库方面的建设，这样不但能够扩大图书馆中文献资源在利用率方面的范围，而且，同时也能够给广大的图书馆用户提供一些比较完善的信息方面的服务。通过这样的一些创新型且个性化的服务模式，最终也能够提高图书馆在广大的师生心目中的好感度。

因为高校图书馆的服务模式不断地在创新，在这其中，同时也离不开图书馆在人才方面的培养。尤其针对那些在科技的应用型能够熟练地掌握图书馆系统的管理与图书馆的设备进行维护的这方面的人才。因此，图书馆一定要定期对管理人员进行培训，还要及时地去更新图书馆工作人员在业务方面的综合网络方面的知识。要制定一些考核的机制，定期对图书管理人员通过考核与评比。要让每一个在图书馆工作的管理人员在数据库的管理方面以及计算机的操作方面都具有综合的能力，从而就能够为图书馆建立一支在技术能力强，综合素质高，而且比较有创新的意识的人才队伍。

（三）图书馆在服务内容方面的创新

随着社会的发展与时代的进步，对于高校的图书馆在服务内容方面，一定要比之前更加的丰富。而且在内容中一定要加入很多新时代的使命与色彩。

1.应该服务于校园的文化

每个高校都有着自己独特的校园的文化，而图书馆的文化对于促进校园的优雅环境以及校园的文明都有着最主要的影响作用。校园文化最主要的传播途径就是图书馆，所以图书馆一定要把比较有营养的，而且是高品位的文献以及资源传递给学生，这对于增强学生自身的修养方面，提高他们的知识层次方面，开阔眼界方面，提高他们道德与情操方面，还有审美的观念方面等都有一定的增强作用。在高校中，有很多的学生社团组织，这对于校园文化来说也是起着一定促进的作用。图书馆应该要积极主动为这些校园的社团提供书籍方面的资源，要让图书馆个性化的服务内容能够融入学生在日常的生活和活动当中去。而且要将图书馆的服务能够参与到引导学生活动的形式以及主题当中。如此一来，就能够充分地发挥出来图书馆在校园文化中的教育功能。

2.应该服务大学生的就业方面

在高校中，信息的集合中心就来源于图书馆。而且在高校的图书馆中同时具备了报告厅，自习室以及阅览室等一些空间的资源。因此，图书馆就可以利用这些优势的资源，给大学生的就业提供一定的帮助和主动的服务。目前的社会形势背景之下，对大学生的就业来说，他们仍然面临着很严峻的挑战。在每个高校当中，就大学生的就业指导方面，都在积极地开展各类型的工作。让学生们都能够学以致用，找到合适的工作，那么，图书馆就能够利用这方面的内容，对学生的发挥空间起到一定的积极作用。第一，在高校的图书馆当中，信息资源是比较丰富的。而且经过图书馆中专业人员对于信息的分析，收集和整理。就可以将网上，期刊以及图书上很多与就业相关的信息，比如就业的企业在资格认定方面，学生和企业在签订劳动合同应该注意的哪些事项，以及学生主要就业需要注意的法律和法规方面。图书馆都能够将这些信息进行总结和归纳，然后将其发布在校园的网页之上，这样对于即将毕业的学生来说，他们就能够随时在网上进行查看，而且是十分容易理解的，同时会按照所给出的正确引导去选择自己的就业方向。第二，图书馆可以建立一些比较有用的资源和平台，给学生在就业方面的渠道进行扩宽。图书馆应该在网上去建立一些相应的就业专栏，然后去获取本校或者是其他学校一些就业相关的专业知识，在对福利待遇，工资的水平以及地区等方面进行一定的汇总，将这些就业信息传递给那些不经常去图书馆，但是又喜欢上网的毕业生。其次，还应该在图书馆内的宣传栏里定期进行就业信息的发布，从而建立起一个稳定有效，而且比较长期的就业发布的窗口。最后，图书馆要充分利用一些阅览室以及报告厅等空间的资源给毕业生提供相关的就业的专场服务，或者可以去邀请一些企业的代表来高校做专业的报告会。这样一来，企业的信息就会第一时间给毕业生们进行传达，而且图书馆的信息也能够帮助他们在就业方面进行直观的分析与对比，对同学们在自身方面的不足和优势，能够加深了解，以此来帮助他们在就业目标方面确定合适的方向，这样一来就能够从一定程度上提高学生在就业方面的成功率。

3.应该服务于学生的考试

在高校中，很多的大学生都给自己的学习制定了相当多的规划与目标。在这些规划与目标当中，就包含了很多种类型的考试。因为图书馆是作为高校的文献信息的中心。因此，图书馆中的所有服务一定是围绕着学生们而进行开展的。比如在校的大学生都必须参加的英语四六级考试。而这种考试最大的特点就是，听力的练习比较多，需要英语词典比较多，而且参与的人数比较多。因此图书馆就完全可以开设专门的阅览室来供读者进行使用，之后再提供一些专门的学习区域，还有很多的英语词典，可供学生们进行听力练习的音频等。如果开设这样的阅览室，那么是一定会受到学生们的喜爱。在当代的高校图书馆当中，一定要将图书馆的服务围绕学生的需求而开展起来，这对于处在网络时代背景下的我们来说也是一种必然的发展趋势。

总而言之，图书馆的服务要跟随时代发展，不断和读者靠拢，最终才能够得到良好的服务效果。

三、公共图书馆服务创新

对于一个国家而言，创新是其兴旺发达的动力源泉，同时对于民族来说，也是它的灵魂所在。所以，一定要将全社会创新的兴趣和意识激发出来。而且要在全国范围之内实施并推行创新的发展战略。对于公共图书馆的发展和生产来说，创新也是其精华所在，对于未来图书馆的事业能够蓬勃发展是一种源源不断地动力所在。

而公共图书馆在服务创新方面就指的是要不断地根据图书馆所发展的趋势，还有读者在需求方面的不断变化，公共图书馆应该在服务的方向更新一些服务的观念，对他们服务的内涵来说，一定要进行不断地深化，此外，公共图书馆的服务范围一定要进行定期的拓展，而且在公共图书馆的服务手段方面一定要进行改改善其服务的过程。因此，可以说，公共图书馆的服务创新是根据读者的要求作为指导的，以读者最终满意作为目的，这种服务方面的创新就是服务和需求，要进行不断地交互的一种渐进性的创新。对于这种服务类的创新，就是没有什么既定的格式，只要在服务的质量方面能够有效地提高，而且能够让读者最终获得十分满意的作用，这样都能够被看作为是公共图书馆在服务方面的创新。

（一）公共图书馆读者需求以及未来的发展

随着现代化社会信息技术的不断发展，在公共图书馆中，读者在各方面的要求也发生了比较大的一种变化。如果公共图书馆不能够适应现代化的社会信息的环境，那么一定会面临着被社会所淘汰。而且对公共图书馆未来的发展空间来说，也是有一定限制的。如果公共图书馆在服务方面进行一定创新的话，这也就是现代化的社会对于公共图书馆在服务方面所提出来的最新的要求。

1.公共图书馆未来发展

公共图书馆的作用就是为了传播，保留，以及积攒人类的文化成果与人类文明的一种国家专门开设的教育类型的机构。它是全体的社会成员所接受教育的一种场所，对于社会公益的文化事业方面来说，是一个最重要的组成因素。而且公共图书馆对于全体人民的素质方面的提高以及社会未来进步方面的推动，都起到十分重要的作用。随着现代化计算机的信息，网络的技术不断地发展，对传统的公共图书馆在服务方面的工作也产生了很大的影响。

现代化的网络技术以及信息技术都对公共图书馆在自动化方面的能力有了极大的提高，而且这种信息化的技术对于公共图书馆在传统服务的手段方面也进行一定的改变。从某种程度上来说，信息与网络化的技术能够提高公共图书馆在服务方面的能力以及服务方面的效率。随着网络与计算机技术不断地发展，使得信息资源不断地变化，逐渐向网络以及数字化的方向发展。而且公共的图书馆在收藏书籍的时候，对数字方面的资源也进行了一定的收藏。公共图书馆在这方面所实行的措施就是，将资源建设进行一定网络化以及数字化，最终能够为广大的公共图书馆的用户提供比较个性以及多样化的服务。

另外，信息以及网络化的技术使得公共图书馆变得更加的数字化以及虚拟化，在未来，公共图书馆实现虚拟化以及数字化也将成为一种可能。对公共图书馆中所收藏的比较有特色的一些资源数字化的方面的建设，还有不同的类型方面的资源的数据库，以及虚拟的网络资源方面的建设，虚拟的资源与实体的资源等整体的组合。这样就形成了一种在网上比较统一的公共图书馆所收藏的一种体系，如果公共的图书馆在结构方面已经变成网络化，那么，对于未来公共图书馆在信息的资源方面的共享以及建设都是能够实现的。

未来公共图书馆在新发展方面还会有一些比较大变化，比如公共图书馆在采编，参考和咨询以及借阅方面都会变得更加的科学，使读者会感觉到更加的方便以及快捷。未来将会有一种新型的载体，它的出现就能够使公共图书馆在书籍方面的保管将做得更好，而且有利于公共的图书馆在职能方面的保存能够更好地发挥出来。在未来的网络与信息技术的环境之下，公共图书馆在服务方面的距离将会从近地点发展到更远的地点，而且他们在服务方面的层次也就会由表面逐渐发展的比较深入化。

最后，信息以及网络化的技术对于读者在获取信息的资源方面的范围也进行了一定的拓展，如果读者要查阅自己所想要查询的资料，就不一定要亲自来到公共图书馆去进行查阅。而且，在公共图书馆当中的读者就会越来越少。公共图书馆一直都是被人们称作为知识的宝库，在社会的教育职能方面，如果读者逐渐减少的话，那么公共图书馆就将会被冷落，这样对于社会公益方面的作用来说是逐渐减弱的。

如果公共的图书馆在现代化的信息技术背景之下，想要获得比较大的生存与发展的空间，那么就不能只是局限于现在传统的服务范围。公共图书馆只有在信息开发资源方面进行积极的参与，而且为社会主动地去提供各种信息的服务，在服务方面不断地进行一定的创新，这样对于未来公共图书馆方面的发展才是最好的出路。

2.读者对于公共图书馆的新要求

随着社会的不断发展，市场经济也在逐渐地完善过程当中，而且知识方面的经济也就逐渐地来临，人们在信息和知识方面的意识也逐渐得到了提高。因此，人类对于知识方面的需求也越来越高。对公共的图书馆方面，他们也就提出了比较高的需求。

互联网与数字的技术不断地发展，对于人们在阅读方面的形式来说有了一定程度的改变同时也极大丰富了阅读的内容。同时，信息技术对于人们在阅读方面的习惯也有一定的改变。有相关的调查研究结果表明，在现代化的信息技术背景之下，通过网络这种方式进行阅读的人数数量已经远远地超过在公共图书馆进行阅读的人数数量。

在信息技术以及网络环境之下，每天都会出现很多海量的信息，而且信息的交流是面对全球化的。因此，读者在对于信息的内容方面需求也是逐渐地向个性与多样化的方向发展着。对公共图书馆的读者来说，他们所需要的信息在来源方面一定要比较广泛，而且类型也要多种多样，在内容方面也一定要完整且全面的这样一些信息的资源。而且他们对于信息资源方面的保障来说，也是其提出了更高的要求，他们希望能够全方位以及全过程性的对他们的信息资源进行一定的保护。如果公共图书馆能够满足这些读者在这方面的需求。那么，对于他们在音频，图像，动画，文字以及视频等等多种信息多媒体的使用与信息的检索方面也能够达到他们的要求。

（二）公共图书馆在服务的理念方面的创新

公共图书馆在服务商方面进行创新的前提就是一定要进行理念方面的创新。要能够很好的将图书馆的读者在服务的新理念方面有一定的树立，同时也要提高读者在服务方面的效益。这对于每一个在公共图书馆的工作人员来说，是一个特别重要的问题。

1.要有竞争意识

在之前的时代背景之下，公共图书馆遍布了各省市以及县级地区。而且，公共图书馆在当地也就成了一个信息与知识的中心，没有任何的危机感，也没有任何的竞争压力。但是，随着社会的进步，逐渐崛起的信息类服务的机构以及商业性的咨询机构，这些机构对于公共图书馆的信息中心这个地位起到了一定的威胁。图书馆要想生存的话，读者就是他们赖以生存的前提，如果一个公共的图书馆没有了读者，那么也就没有任何存在的意义。现代化的图书馆是处在信息化的社会背景之下，不能够一味地认为自己就一定是永远作为信息的中心，不会被任何机构所取代，这种传统的理念必须要丢掉，因为现代信息化的时代是十分具有挑战性的。而公共图书馆一定要加入这种战争中，对公共图书馆来说，它们的目的就是要让读者对于自己的服务更加的满意。因此，在服务方面一定要打造出个性化的特点，然后打出自己的服务品牌。要以公共图书馆比较雄厚的信息资源这种优点，而且也有一定的社会信誉，在服务方面要不断地进行提升，去提高他们的效率，这样才能够在服务的市场中处于不败之地。

2.要有主动服务的意识

对公共图书馆来说，在服务方面的质量不能够只是在服务的态度上面是比较热情与主动的，更应该从思想上要有一种主动服务的意识。要在思想上能够打破传统的思想理念，一定要把服务做到最好，读者作为第一这种新的服务理念。在公共图书馆当中，信息资源一定要对读者进行全面的开放。另外，在公共图书馆工作的人员应该主动，而且积极地与读者进行交流和沟通，及时地了解读者有什么样的服务方面的需求，有效地去把握资源在建设的方向，最终能够达到读者在需求方面的满意。而且对于那些不能够走入图书馆的群体来说，图书馆应该开展一类上门服务的活动。为这样的群体送去信息知识的资源，另外一定要加大对读者在导读方面的力度，积极地去开展一些推荐与导读的服务，然后去从某些方面能够引导读者看一些比较优质的资源信息内容。对图书馆中的文献知识以及专业知识方面，一定要进行大力的宣传以及推广。

3.时刻要保持以人为本的理念

所谓的以人为本，就指的是一切都应该将人作为核心，任何时候都要以人们的需求作为前提。公共图书馆的服务理念要保持以人为本的理念，这对于他们的工作来说是最为重要的一个归宿点和出发点。公共图书馆未来的发展和人类的文化文明以及人类未来的发展都是息息相关的，在公共图书馆中，所关注的重点就是对于人类的文化进行怎样的延续，传播和保存，这对于人类自身来说，是一种极大的进步与发展。公共图书馆之所以能够存在，那就是为了能够保证读者在思想方面的自由，同时还保证读者能够平等的获取信息权力，而且公共图书馆在信息只是资源方面也有一定的保存，以便供人类进行阅读和学习，这样对于文化的信息与知识来说也是一种有效地传播途径，对于人类在权力意识方面是一种提醒的作用，同时也能够保持人类在自由平等的精神方面的有效灌输，对于人类自身的发展和对于读者关爱方面也有一定的促进作用，最终对于社会方面来说，也是一种实现其平等，包容和和谐关系的作用。公共图书馆的服务理念，如果时刻保持一种以人为本的理念进行出发，那么对于读者来说也是一种在人文精神和关怀方面一种个性化的服务。而且，公共图书馆业应该为了读者热情的去提供一份比较深刻的关怀和感情，为公共图书馆的氛围努力去营造一种尊重读者的人格及人文方面的关怀，让读者时刻能在公共图书馆中体验到一种平等而且温馨的环境，这样读者才能够在一种比较优雅，愉悦以及轻松的人文环境中去保持研究和学习最佳的状态。

4.图书馆中信息一定要公平的理念

对于公共图书馆来说，信息的公平这种理念就是一定要产生平等服务的理念。也就是说对于任何人来说，都能够平等的使用公共的图书馆，公共图书馆给每一个社会成员提供了一种公平的获取信息的机会。

第四章 图书馆信息化服务策略

目前在信息化服务中，图书馆采用较多的仍然是传统服务策略，存在将传统服务过度迁移到信息化服务中的不足，这一服务模式很难满足用户需求。因此，图书馆在推进信息化服务的过程中，应从整体上把握策略走向，对策略进行归类和选型是一种重要方法，它可以从宏观上把握策略的特点，加深对策略共性的认识，促进图书馆服务的可持续和创新发展。

第一节 新技术的应用特点

社会学家WilliamF.Ogburn在20世纪50年代提出了"文化滞后"说，这一概念是指当技术发生改变时，其向社会结构的融合与同化会相对滞后。在一项技术取得突破后，由于人们对这一技术究竟能发挥何种作用以及如何使用等的理解还不是很透彻，所以人们习惯用旧方法使用新技术，即传统应用。例如，在电影技术产生之初，人们主要用它来录制和播放剧院中的演出，而不是拍摄专门的影视作品。随着人们对新技术理解的加深，新技术逐渐脱离了传统应用，发展出特有的应用方式，即创新应用。因此，新技术的应用类型可以划分为两类：传统应用与创新应用。前者指以旧技术的方式实现对新技术的应用，后者指以最能体现新技术特点的方式对新技术进行应用。在两种应用类型之间还有一种中间形态，即优化应用，这一应用既有传统应用的特点，也能体现新技术的某些特性，是一种适应性、过渡性应用，是传统应用在新技术条件下的改进。从发展来看，在新技术产生之初，三种应用都会出现，只是随着时间的推移，传统应用逐渐减少，优化应用向创新应用发展，但这并不意味着传统应用完全消失，某些传统应用与优化应用会伴随新技术的整个生命周期，成为新技术应用的一部外，而创新应用也会被打上传统应用的烙印。因此，图书馆的信息化服务必然会有传统服务的影子，并且相互配合。

第二节　图书馆形态变迁

图书馆自产生至今经历了两种基本形态：传统图书馆与数字图书馆。纸质文献是传统图书馆的主要馆藏，数字图书馆的馆藏属于数字资源。早期数字图书馆的用户必须利用电脑才能浏览图书馆的数字资源，但移动技术使人们获得了一种新的阅读媒介、数字图书馆也由此从基于桌面电脑的形态发展到基于移动技术的形态，因此传统图书馆、桌面数字图书馆和移动数字图书馆是图书馆的三种基本形态。

一、不同形态图书馆的相似性

从传统图书馆到移动数字图书馆，在本质上都属于图书馆，三者具有共同的性质、服务理念和学术规范。吴慰慈将图书馆的属性界定为"中介性"，无论数字图书馆以桌面形态还是以移动形态向读者提供服务，其中介性都没有改变，它既不可能取代出版社和内容商，也不可能成为书商和数据商。在服务理念上，不论形态如何，图书馆都应坚持免费为读者提供尽可能丰富和能满足读者需要的资源和服务。在业务上，各种形态的图书馆都要对资源进行采集、加工、保存和传递，都要为读者提供借阅服务，并可以互相借鉴。桌面数字图书馆和移动数字图书馆提供的都是数字资源，其内容和服务方式等方面都有许多相似点。如资源存储服务器相同，技术架构相同。移动数字图书馆同样也会具有传统图书馆类似的特点。如纸质文献与移动电子书都可以用于移动阅读，移动阅读所采用的电子墨水技术具有能够同纸张相媲美的显示效果。传统文献可以实现一定程度上基于位置的服务，如读者携带一本与参观地有关的图书；而移动数字图书馆借助GPS、电子地图等技术，可以为用户提供更为丰富的情景服务。

二、不同形态图书馆的差异性

尽管从本质上讲，数字图书馆与传统图书馆属于同一事物，但两者存在重要区别，这一点在国内外研究中已有大量论述。第一，内容差异。传统图书馆一般都是以纸质文献为主的实体馆藏；数字图书馆一般都是以数字资源为主的虚拟馆藏。第二，获取方式差异。由于实体文献位于具体地点，读者要到图书馆中才能借阅，而数字资源的虚拟用户可以凭借互联网远程获取。第三，文献加工、服务粒度差异。传统图书馆以文献整体为加工和服务单元，虽然早在20世纪30年代阮冈纳赞就提出了与今天知识服务类似的服务建议，但由于技术限制，这一服务在传统图书馆中很难实现，但在数字图书馆中，由于服务的内容不再不可逾越，读者利用检索技术，直接检索文献中的图表、段落甚至字词。例如，在古籍研究中，得益于数字图书馆的细粒度检索服务，研究人员只需要几分钟就能统计出某一字、某一词在古代文献中的使用情况和变化规律，而在古籍数字化之前，这一功能是很难实现的。

与桌面数字图书馆不同，移动数字图书馆最大的特点是获取和阅读上的移动性。移动数字图书馆的优势在于通过无线网络为用户服务，用户可以在选定的时间和地点获取内容。正是由于这一特点，在获取新闻和即时消息等方面，移动阅读的时效性是图书馆三种形态中最强的。在阅读方面，载体的便携性使用户可以随时随地阅读数字图书馆的内容。不过，移动数字图书馆的格式问题比较突出，大量、多元的格式和硬软件之间的兼容是移动数字图书馆建设者不得不面对的问题。在认证方式上，移动数字图书馆也有其独特的认证机制，例如，如果用户使用的是手机，系统可以通过手机号码实现认证。

有关图书馆三种形态的异同分析见表4-1。

表4-1　图书馆三种形态的异同

	项目	传统图书馆	桌面数字图书馆	移动数字图书馆
建设与服务	性质	中介性	中介性	中介性
	服务理念	自由、平等、免费	自由、平等、免费	自由、平等、免费
	文献加工	以文献整体为加工单元，也可深入全文	既可以文献整体为加工单元，也可深入全文	既可以文献整体为加工单元，也可深入全文
	组织	可以采用分类法类分文献，以分类法为排架依据	可以采用分类法类分和组织文献，也可以采用读者选定的方式，如标签管理	可以采用分类法类分和组织文献，也可以采用读者选定的方式，如标签管理
	时效性	由于存在物流和加工等环节，大部分文献具有较长的时滞	可以实现电子文献的即时获取，有利于提高时文效性，但由于获取条件限制，时效性受到影响	移动技术使用户在需要产生之地、之时可即刻查阅，时效性最强
	空间	占用物理空间	占用虚拟空间	占用虚拟空间
内容	内容来源	纸质出版物	既可以对出版社的纸质出版物进行扫描，也可由出版社、数据商和内容商提供数字资源	既可以对出版社的纸质出版物进行扫描，也可由出版社、数据商和内容商提供数字资源
	内容形式	以物理实体形式存在	以数字形式存在存在	以数字形式存在存在
	内容格式	不存在格式问题	存在格式问题，但桌面电脑和配置的日益标准化使格式问题不突出	存在严重的格式问题，既有多格式间的兼容，也有格式发展带来的格式落后问题
	内容类型	以图书、期刊、报纸为主	具有多种内容类型，但电子图书、期刊、报纸是重要品种	具有多种内容类型，但电子图书、期刊、报纸是重要品种

项目		传统图书馆	桌面数字图书馆	移动数字图书馆
载体	载体类型	以纸张为主要载体，对视力具有保护作用	以电脑为主要载体，对视力具有刺激作用	以多种移动终端为载体，其中电子墨水屏具有与纸张相媲美的效果
	移动性	可以实现随时随地的阅读	只能在有电脑的地方阅读，以移动性不强	可以实现随时随地的阅读
	与内容的关联性	载体与内容不分离	载体与内容分离	阅读载体与内容可分离，也可不分离
服务	用户认证	基于身份的认证，如读者证、身份证等	多种认证方式，如IP认证、账户认证等	多种认证方式，如账户认证、手机号码认证等
	服务获取	文献存储在实体图书馆中，用户需要亲自到图书馆获取	文献存储在服务器中，不受存储地点影响，用户通过互联网获取，但电脑和有线网络限制了获取范围	文献存储在服务器中，不受存储地点影响，用户通过无线网络随时随地获取
	关联获取	实体文献之间只能通过架位相邻实现关联，但可以通过目录、参见等促进文献线索的关联发现，也可以通过关键词、超链接等实现关联获取	文献可以通过预设或选定的组织方法实现关联获取，也可以通过关键词、超链接等实现关联获取	文献可以通过预设或选定的组织方法实现关联获取，也可以通过关键词、超链接等实现关联获取
服务	服务粒度	以文献整体为服务单元，对内容揭示不够	既可以文献整体为服务单元，也可深入文献内部	既可以文献整体为服务单元，也可深入文献内部
	服务人数	服务人数受馆藏量、复本量的限制	由于可以并发获取，服务人数不受内容量限制，但受到网络、服务器性能的限制	由于可以并发获取，服务人数不受内容量限制，但受到网络、服务器性能的限制
	基于位置的服务	对位置服务的能力有限，用户需要对服务有预见性	不具备位置服务的能力	能实现较强的基于位置的服务
	无障碍性	具有较低的无障碍服务能力	电脑和网络提高了无障碍服务能力	专用的移动设备使无障碍服务能力得到了明显改善

第三节　图书馆信息化服务趋势

不难看出，在新媒体环境下，国内图书馆信息化服务正在向开放式、深层次、技术型发展，实现了跨库无缝检索和链接，并在多平台下开展了多种服务实践。同时伴随着图书馆信息化服务建设理念的不断更新、技术的发展进步、服务模式的成熟应用，未来图书馆信息化服务将呈现如下发展趋势：综合性服务——打破阅读、咨询、研究和工作的界线，为读者提供一站式服务；个性化服务——为不同的个体、群体提供多样化多平台可定制的服务和功能。

快速、高效和灵活的服务特点能够满足用户多元化的需求，适应移动互联网时代的挑战。随着时代的发展和新媒体技术的进步，未来的图书馆将充分发挥其优势特征，为用户提供更丰富、更便捷和更新颖的服务。图书馆信息化服务的趋势主要体现在以下几个方面。

一、实时性信息化服务

实时性信息化服务，是指图书馆的用户能够在第一时间收到图书馆发出的实时性信息，包括各种提醒类的通知等。图书馆的实时性服务是基于时间维度的信息化服务，它可以让用户通过短信、客户端、微信等方式及时收到图书馆的各种实时信息，如图书到期提醒（或称图书催还提醒）、图书续借提醒、预约书到馆提醒、罚金提醒、新闻通知、讲座通知、开闭馆通知、新书通告等内容。用户也可以随时定制和获取需要的信息内容，比如订阅感兴趣的图书和期刊资源，定时地接收图书馆发来的最新资讯。实时信息化服务还包括移动检索等服务，用户可以及时地获得移动检索结果。图书馆允许用户随时访问图书馆的移动馆藏资源，今后还将根据不同用户的需求提供动态的、实时性的移动信息推荐服务。未来的图书馆将为不同的用户提供更加专业和满意的服务。

此外，图书馆还可以实现各种图书罚金或其他款项的实时支付功能，如果需要支付的金额不大，用户不必到馆就可以在移动设备上完成相关业务的支付，这样不仅方便了用户，也满足了用户的移动支付需求。尽管图书馆的实时性移动支付服务比较便捷，但是这项服务也存在一定的风险性，需要采取严格的措施加以防范。随着移动技术和移动设备的不断发展，实时性信息化服务会成为未来移动图书馆的一种服务趋势。

二、定位性信息化服务

定位性信息化服务，是一种基于位置信息的移动定位服务，能为图书馆用户提供馆藏资源定位和图书馆导航等方面的服务，是图书馆信息化服务的一个发展方向。对于图书馆的新用户而言，在众多的书架中找到需要的图书是一件比较困难的事情，因为新用户通常对馆藏分布并不熟悉。如何准确找到目标资源，图书馆的移动定位服务能充分发挥作用，用户可以根据移动设备上所显示的图书定位导航，顺利地找到所需的图书。例如，用户首先进行馆藏检索，查询所需资源在图书馆的位置，然后通过手机等移动设备拍摄对应的二维码标识，移动定位服务会自动指引用户找到资源所在具体位置。目前，国外已有少数图书馆开展了馆内移动定位服务但这种服务还不够普及，未来的图书馆将不断拓展这项服务，为更多的用户提供服务。

图书馆能够根据用户所处的位置，告诉用户所需的资源在最近的哪家图书馆，这种基于位置的移动定位服务，可以大大节省用户的时间，利用图书馆定位服务，用户可以通过手机等移动设备查询临近的图书馆是否有所需图书，如果附近图书馆有需要的资源，即可马上前往借阅，这项服务充分体现了信息化服务的便捷性。图书馆的定位服务，将移动馆藏资源与移动导航技术相结合，具有较强的实用性和应用性。

三、交互性信息化服务

交互性信息化服务，是图书馆利用移动设备实现的一种互动服务方式。在移动互联网时代，移动通信技术与web2.0应用相结合，可以为用户提供良好的交互性信息化服务，例如，移动微博、微信、移动网络社区、移动百科全书等正表现出强大的生命力，尽管目前的图书馆信息化服务内容比较富，但还是缺乏一定的互动性。用户可以利用移动设备随时浏览电子书，查看其他用户对该书的评论和感想，还可以与其他用户进行实时互动。同时，用户也可以查看与其他用户进行分享和交流相关书籍在微博、微信中的信息。这不仅有助于促进用户之间的沟通，而且也有助于扩大图书馆的用户群，增强图书馆用户的移动体验。

随着移动社交网络的发展，用户可以在图书馆的移动平台上对书籍进行评价，分享相关知识，参加学术讨论，加入兴趣群组。图书馆用户可以通过移动馆藏目录检索到需要的图书，同时也会看到其他用户对本书的评论，进而判断是否需要借阅这本书。用户还可以通过其他用户的推荐找到相关的一些书籍。此外，用户还可以看到与该类图书相关的一些咨询问题，如果有该类图书的兴趣小组，用户还能浏览兴趣小组的讨论内容并加入其中讨论。利用移动图书馆的交互性，用户还可以向移动咨询系统提问感兴趣的问题，也可以像咨询馆员一样对熟悉领域的问题进行回答和评价。基于交互性的图书馆信息化服务，为用户的学习和生活带来了很多方便，将成为图书馆未来的发展趋势。

四、个性化信息化服务

是指移动互联网技术与个性化服务的有机结合，为不同用户提供不同的移动资源服务。首先需要收集用户的偏好特征，不断地了解用户的特点和需求，在此基础上为用户提供不同的信息提醒、书籍推荐和最新资讯等个性化信息。图书馆的个性化信息化服务具有移动性、及时性和主动性等特点，而传统的个性化服务没有与移动通信技术相结合，不能及时、主动地为用提供相关信息。

图书馆能根据用户的需求对信息进行收集、整理和分类，让用户随时能获得所需要的信息，例如，图书馆可以根据用户感兴趣的内容，将最新到馆的书刊和用户需要的信息通过短信、客户端、微信等方式及时推荐给用户，或提醒用户登录图书馆网站进行查询和阅读；图书馆还能结合RSS（really simple syndication，简易信息聚合）技术为用户提供聚合移动信息服务，可以按照不同学科、主题和类型对信息资源进行分类整合，形成支持移动阅读的文档，为用户提供个性化的信息推送服务。如"我的图书馆"中的查询服务，用户可以随时了解个人的借阅信息等情况。对于现有的服务，应该在发扬其优势的基础上进一步拓展服务内容，提高服务质量，为用户提供定制、推荐、咨询和学习等多种个性化服务。

随着移动技术的发展，移动设备的个性化特点决定了未来图书馆的一个重要信息化服务将是个性化信息化服务，根据用户的背景资料、兴趣偏好构建用户模型，主动为用户提供各种包括文字、图像、音频和视频等多媒体资源的个性化信息。

五、多元化服务趋势

实时性信息化服务、定位性信息化服务、交互性信息化服务和个性化信息化服务的有机结合，灵活运用，为用户提供多元化的信息化服务是未来图书馆发展的趋势。

在移动互联网时代，新媒体技术为图书馆信息化服务的发展带来了新的契机。移动终端的移动性和即时性是移动互联网的一个重要特征。以手机为代表的移动设备能够为用户提供身份识别、位置搜索等功能，其移动终端的便捷化特征为图书馆信息化服务创造了很多发展空间，未来的图书馆信息化服务将以多元化服务为趋势。移动互联网时代，图书馆信息化服务应该始终以用户为中心，将实时性服务、定位性服务、交互性服务和个性化服务有效地结合起来，为用户提供全方位的多元化服务。同时，图书馆信息化服务应不断创新图书馆信息化服务模式以适应新技术和新环境的变化。

第四节　图书馆信息化服务实现的制约因素

在现阶段，图书馆信息化服务的实现，还受到一些制约因素的影响，面临着不少困难和挑战，具体如下。

一、移动设备因素

移动设备本身的问题限制了图书馆的服务能力和服务效果。

根据相关报告显示，目前移动设备存在的主要问题在于网络链接速度较慢，系统兼容性不好，屏幕小、键盘小，无鼠标导航及较低的容错能力。126此外，还受到移动设备的处理速度、存储容量以及电池续航能力等因素的影响。如今，手机等移动设备无论在屏幕面积上，还是在操作方式上，都与传统电脑存在着一定差距。同时，由于各种移动设备的种类繁多、操作系统各不相同、屏幕尺寸规格各异，并且移动上网资费较高，这些都在一定程度上限制了移动图书馆的发展。

由前面的用户调查结果可知，影响信息化服务发展的制约因素与手机等移动设备的局限性密切相关。移动设备的上网速度、移动费用及屏幕局限等问题，直接影响图书馆的用户体验。在各种影响因素中，用户认为阻碍信息化服务发展的首要因素是移动网速问题，其次则是移动费用问题，可见用户最关心的还是移动设备的上网速度和上网费用，还有一些用户认为手机等移动设备的屏幕较小、比较受局限，不符合他们的阅读习惯，可见移动设备的屏幕尺寸也是主要影响因素之一，此外手机等移动设备操作系统的兼容性较差，由于当前手机等移动设备有各种操作系统（如Android系统、iOS系统、Windows系统和Symbian系统等），但缺乏统一的标准与相关协议，所以系统兼容性较差，同时，在目录检索、交互界面等方面可能存在着在不同移动设备上无法实现的困难，因此如何实现数据兼容与优化系统界面，将是未来图书馆信息化服务亟待解决的问题。

二、技术方面因素

图书馆信息化服务的实现，受到开发技术的制约，从某种程度上讲，技术发展决定了系统功能的实现程度，例如，馆藏文献的定位服务、图书馆地图导航服务，及用户位置信息感知服务等，这类服务取决于技术中的物理感知技术和传感器技术的发展程度，同时，个性化的检索和推荐服务也与技术密切相关，但目前为止，将技术与图书馆信息化服务相结合的研究较少，技术并未在图书馆信息化服务领域发挥出应有的作用，因此，未来的研究应加强技术与图书馆信息化服务结合的研究。

目前图书馆信息化服务系统的开发技术还不够成熟，由于移动设备具有不同的操作系统，因此需要开发不同的应用程序，这些程序的开发需要掌握不同的开发语言，并且需要对用户的移动需求具有清晰地了解，以建立统一的开发标准，避免不必要的重复开发和资源浪费。整体而言，系统的开发技术还不够完善，不少移动图书馆网站还是传统图书馆网站的简单移动版，缺乏针对移动用户开发的专项功能，也缺乏相应的开发标准和测试经验，所以图书馆信息化服务的实现还需要技术上的不断积累。

三、资源方面因素

移动数字资源异构问题也是主要的制约因素之一。使得移动终端对数字资源的访问受到影响，也为用户利用手机等小屏幕设备进行移动检索和移动阅读带来了不少困难。现有图书馆的移动数字资源，由于大量的电子书、电子期刊和网络数据库平台都不一样，没有通用的移动访问接口，不同资源的存储格式不同，文献加工标准和数字版权保护办法也不一样，这为移动资源的整合带来了很多麻烦，因此资源系统和数据格式的统一和标准化是系统服务功能得以实现的关键所在。

目前，可供用户浏览和下载的移动资源较少，在一定程度上存在资源不足的问题。由于图书馆最大的价值在于提供内容而非外在的表现形式，因此，移动资源的内容能否满足用户需求才是其服务价值的体现。

四、人员方面因素

除上述一些制约因素之外，人员方面的因素也是其中一项制约因素，目前，图书馆服务面临着很多挑战，但一些图书馆员工并没有积极地转变服务理念，不仅不重视图书馆信息化服务发展建设，更缺乏主动创新的服务意识。如今，信息技术的发展日新月异，图书馆在信息资源极度丰富的时代正面临着被边缘化的危险，这就要求图书馆员工必须积极转变服务理念、增强危机意识和创新服务意识。

尽管不少图书馆都开展了图书馆信息化服务，但由于缺乏宣传和推广力度，导致很多用户对移动图书馆缺乏认识和了解。调查了解到，我国目前使用过移动图书馆的用户不多，许多用户表示对移动图书馆不了解。由于缺少对移动图书馆的宣传推广，造成了广大用户对移动图书馆缺少了解，这极大地阻碍了图书馆信息化服务的发展。

综上所述，图书馆信息化服务的实现，主要受到了移动设备、技术因素、资源因素和人员因素的制约，总结如表4-2所示。

表4-2　图书馆信息化服务实现的制约因素

序号	制约因素	具体内容
1	移动设备因素	移动设备上网速度较慢；操作系统兼容性不好；屏幕小受局限、无鼠标导航；较低的容错能力；此外还受到存储容量及电池续航能力的制约；移动上网费用较高
2	技术方面因素	缺少将系统技术与图书馆信息化服务结合的研究，技术并未发挥出应有的作用；目前的开发技术还不够成熟，缺乏一定的开发标准和经验
3	资源方面因素	移动图书馆的资源异构问题，资源系统不统一、数据格式不统一；没有通用的移动访问接口；文献加工标准和数字版权保护办法不同；此外，还存在移动资源不足的问题
4	人员方面因素	一些图书馆员工不重视图书馆信息化服务的发展建设，缺乏主动服务和创新服务的意识；不重视图书馆信息化服务的宣传，缺乏宣传和推广力度

第五节　图书馆信息化服务实现的应对策略

一、构建灵活系统

搭建一站式信息化服务平台。为实现图书馆信息化服务，首先要解决的是由于移动设备所导致的用户体验问题，而构建灵活多样的设计系统就显得十分必要。移动设备在保持轻便的同时还要方便移动用户阅读。未来的移动设备的系统界面应进行针对性的设计，注重用户需求，符合用户的日常操作习惯，实现一站式检索。随着智能手机和WiFi无线网络的普及，通过手机等移动设备上网已经成为一种普遍趋势，随着移动通信技术的发展，移动设备的上网速度将越来越快，移动上网资费也会逐渐下调，进入移动互联网时代后，年轻用户群体将更多地使用移动设备来访问图书馆。与此同时，开发各种操作系统程序将成为未来图书馆信息化服务建设的重点。从当前的发展趋势来看，图书馆应研究用户的移动设备，满足多数用户的需求，并在此基础上不断进行调整。

二、加强技术研究

探索创新信息化服务模式。图书馆除了提供传统的信息化服务，还应不断探索新的信息化服务模式。如：微信公众平台的用户优势和技术优势均符合高校图书馆的需求，其可以借助微信的语音识别、条码/二维码识别、地理位置定位、微信支付等功能开展语音找书、扫描续借、二维码门禁、馆内导航、有偿服务等智慧型服务项目。为实现图书馆信息化服务，需要加强 技术与图书馆信息化服务相结合的研究。为用户提供富有特色和个性化的信息化服务，并借助于RFID和移动二维码等技术为用户提供更加准确的资源定位和移动检索等服务。由于系统技术具有广阔的发展空间，可以为图书馆信息化服务提供很多具有实用价值的服务，因此未来的图书馆研究应更多地结合技术，努力为用户提供更便捷的信息化服务。

　　图书馆还应加强对系统开发技术的研究，在进行具体设计与开发前，应详细地了解和研究相关设备的系统平台和开发语言的主要功能及特点，尽可能采用目前最通用的设计和开发标准，还要了解信息化服务实践的一些成功经验，开发时针对不同操作系统和浏览器设计不同的界面显示模板，进行容错性开发，借助相关系统、浏览器、屏幕大小的监测工具，自动检测用户的设备情况，自适应地提高相兼容的显示模板和内容。在开发完成后，还要进行反复多次的系统测试，包括使用相关的软件进行代码测试和界面测试，以及不同移动设备的仿真测试和用户使用评价测试，在此基础上，逐步完善图书馆的信息化服务开发系统。

三、重视资源建设

　　加强文献资源建设。图书馆的文献资源包括纸质文献和电子文献，应合理配置二者比例，重点加强电子文献的建设。电子文献种类繁多，应用平台不同，图书馆除应加强读者培训工作，让读者多了解不同电子文献的使用方法外，还应加强资源整合，使电子资源的查找更加方便快捷。

　　为解决移动图书馆的资源异构问题，必须重视移动资源建设，并对异构的移动资源进行有效的整合。异构资源的整合是一项复杂而繁重的工作，不同的文献内容、文献格式、检索方式和用户界面的资源系统必须融为一个标准统一的信息源，才能在一个有效的信息交换网关的作用下被另一个环境的信息系统所使用107。目前，资源系统和数据格式的统一和标准化是图书馆信息化服务功能实现的关键所在。张成昱和方玮等人认为，使用开放协议、元数据的互操作及元整合技术相结合的方法，可以解决资源异构的难题。其中，元整合技术是以局部或小规模的资源整合系统为信息源整合对象，利用适用性较广的信息解析方式（如页面分析方法）提取被整合对象中异构信息资源不同成员的信息内容，加以重构后提交给信息发布系统进行一致化处理。107这种资源整合方式能够在一定程度上解决资源异构的问题，但还需要不断地探索和实践。

如何为图书馆用户提供足够的信息资源，也是关系到图书馆信息化服务能否持续开展的关键。图书馆应不断地加强移动馆藏资源的建设，购买或自建移动资源数据库，为用户提供尽可能多的移动资源。此外，还要根据图书馆信息化服务的特点进行具有针对性的资源建设，而不能盲目地将所有数字图书馆的资源全盘移动化，由于图书馆信息化服务其有移动性和便捷性特征，适合为用户提供碎片化的移动阅读和速读服务，不适合为用户提供文献精读服务，需要精读的文献更适合在大屏幕的台式电脑上仔细阅读，因此在移动资源建设中，有必要进行资源的筛选和甄别，为用户提供更为高效的移动资源服务。

四、转变服务理念

在新的移动互联网时代，传统的图书馆服务已经不能充分适应时代的发展，由此图书馆员工应及时地转变服务理念，在提供传统服务的基础上，充分利用移动技术带来的科技优势为用户提供新颖、便捷的图书馆信息化服务。例如，在移动图书馆服务中提供深层次、高质量的手机报服务，为用户提供基于时间或地点的情境感知移动图书馆服务等，此外，图书馆员工还可以通过多种形式来扩大图书馆的影响力和服务范围，如学科馆员可以通过学术微博、微信等互动工具来深化学科服务，微博、微信的出现充外发挥了智能手机作为阅读终端的互动性和及时性特征，图书馆员工通过转变服务理念，增强主动服务以及创新服务意识，能够更好地促进图书馆信息化服务的发展。

图书馆用户的专业知识、学历层次高低不同，因此图书馆员必须具备丰富的专业知识和娴熟的技术服务手段，才能为其提供在线参考咨询、文献检索、文献传递与馆际互借、定题服务、科技查新等信息化服务。同时，高校图书馆应加强学科馆员建设，深入院系了解用户需求，以便更好地开展信息化服务。

与此同时，图书馆员工还应积极做好图书馆信息化服务的宣传和推广工作。目前，广大用户对图书馆信息化服务了解得较少，针对这种情况，图书馆应综合利用多种平台主动开展宣传和推广。如今，国外很多图书馆都成立了服务营销部门，专门对已有的服务和即将推出的服务进行宣传，而我国图书馆在宣传和营销理念方面，与国外相比还有一定差距。对此，图书馆可以成立信息化服务宣传推广小组，充分利用图书馆主页、宣传海报、宣传彩页、电子显示屏和流动图书车等方式进行宣传，还可以通过用户比较活跃的网络论坛、社交网站、读者QQ群、手机短信、邮件微博、微信等多种方式进行宣传推广。此外，还可以通过报纸、电视等新闻媒体进行宣传，引起公众的兴趣和关注。图书馆服务人员应转变服务理念，重视宣传工作，公众对图书馆信息化服务的认知程度会逐渐提高，图书馆也会在人们的学习生活中发挥愈来愈重要的作用。

图书馆服务工作是指图书馆文献的使用和服务工作，如文献的外借、阅览文献宣传、阅读辅导、参考咨询、文献检索、网络信息导航、科技查新、专利查新定题信息服务等，这些服务模式都可以延伸到图书馆信息化服务，同时根据移动平台的特征制定一些新的服务策略。与固定服务相比，信息化服务更注重即时服务、主动服务、加工服务、协同服务、个性化服务、互动性服务、统一服务等。

即时服务是移动信息服务的优势与特色，既表现在即时性的信息内容，也表现在即时服务的策略上。移动通信技术和互联网为图书馆移动信息服务提供了"即时服务"的技术支持，即时服务策略是指图书馆发挥移动信息服务可以随时随地提供服务的优势，根据用户的需求，即时提供用户所需的信息内容与服务。

主动服务是指图书馆可以根据用户的需求主动提供、推送各类移动信息服务。

加工服务是指针对用户所处的移动环境和所持移动终端的特点，图书馆对信息内容进行搜寻、组织、加工、重组、优化后提供给用户，以方便用户迅速接受与利用，如导航服务、统一检索服务、摘要服务、知识管理服务等。

协同服务是指图书馆移动信息服务系统与传统文献服务系统、数字图书馆系统等协同合作，为用户提供服务。

个性化服务是面向移动用户的个性化需求提供有针对性的信息服务。如个性化门户、个性化检索、个性化收藏服务、个性化订阅服务等。

互动服务是在用户移动的过程中将用户参与的互动性服务与用户所在时间空间结合起来，比如微博、微信、移动社区服务等。

统一服务是指图书馆将自己内部的资源整合起来，通过移动信息服务门户统一提供给用户利用，图书馆联合体中的图书馆可以联合开展移动信息服务。

（一）主动服务

主动服务是图书馆在用户尚未提出要求时，自觉而主动地为用户提供信息服务的一种基本方式，包括人工和利用智能技术实施主动服务。主动服务是一种服务理念，要求图书馆打破传统的等用户上门的服务观念，积极主动地走近用户，参与到用户的工作与生活中。信息化服务为图书馆提供了开展主动服务的新平台，用户在哪里，图书馆服务就到哪里。

1.主动了解用户需求

用户需求是图书馆服务的目标和动力，移动环境下图书馆用户的需求有很多新的特征，图书馆要做好信息化服务，就需要主动开展用户需求调查。2010年下半年，国家图书馆、北京大学图书馆、清华大学图书馆等都陆续开展了用户需求的调查，了解用户对信息化服务的接受度和期望，为开展或改进移动信息服务提供依据。

2.主动推送图书馆服务

比如为用户提供分类信息定制服务，图书馆通过信息挖掘、知识发现、智能代理等技术对各种信息进行提炼，然后利用短信息、多媒体信息、电子邮件或频道定制等方式主动推送用户所需的信息内容；或者，将图书馆移动信息服务主动嵌入到影响力大的移动操作系统、浏览器、公众信息门户或平台中，比如国家图书馆等一些图书馆把自己开发的客户端软件上传到苹果公司的应用商店（AppStore）供用户通过iphone或ipad等移动终端下载使用，从而将图书馆移动信息服务融入到用户的日常移动信息活动中。

3.主动宣传推广图书馆服务

利用馆内公告、网站宣传、讲座、参考咨询、（高校新生入学教育、图书馆其他主题推广活动等途径努力宣传推广移动信息服务，同时通过讲座、培训，即时咨询等方式对用户进行培训，吸引更多的图书馆用户了解和使用信息化服务。

4.主动开展延伸服务

除了将图书馆服务通过移动信息平台延伸到用户之外，图书馆还可以基于用户需求，利用图书馆在信息组织与管理上的优势，搜集、加工，整合开放性的网络信息，提供给用户。图书馆可以主动与各种社会信息服务机构展开合作，为图书馆用户提供信息服务。通过主动开展延伸服务，将信息服务的范围扩展到更广阔的信息空间。

5.主动向全社会开放服务

为了增强图书馆在社会信息服务中的竞争力，图书馆应该向社会开放，吸引更多的社会用户。信息化服务打破了时空的限制，为图书馆向社会开放提供了便利条件。图书馆在满足本馆用户需求的基础上，可主动利用丰富的信息资源和信息化服务平台，面向社会提供移动检索、移动咨询、移动阅读、移动社区服务等信息服务，既提高图书馆信息资源的利用率，又有利于扩大图书馆在社会的影响。

（二）协同服务

现代的图书馆系统是由纸质文献信息服务系统、数字图书馆系统等共同组成的复合系统。信息化服务在独立为移动用户提供图书馆服务的同时，也需要与传统文献服务系统、数字图书馆系统合作为用户提供服务。图书馆信息化服务是基于移动信息网络实现的，也是以数字图书馆系统为基础的，移动信息网络与有线互联网的协同合作，将有助于实现不同图书馆服务系统的无缝衔接，为用户提供便捷的服务体验。

由于受限于移动环境与网络、终端等条件，图书馆信息化服务主要提供的信息是即时信息、核心信息、线索信息等简明、直接的信息内容，如果用户需要更详细的信息内容，常常需要与文献信息服务系统、数字图书馆服务系统合作为用户服务。比如，通过移动检索、快速浏览摘要等信息后，用户可以将需要安排专门时间细细研读的信息通过e-mail将信息全文发送到自己的邮箱，或到馆借出所需的相关文献。又如用户借阅的网络电子书可以同步到手机、电子阅读器等移动终端上，上海图书馆的手机电子书服务就可以让用户将在线借阅的电子书下载到手机上，使用户在手机上就能阅读所借阅的电子书。再如在线关键信息的备忘服务，清华大学图书馆2010年11月推出的"馆藏目录书目自助短信推送服务"就是不错的尝试，用户在馆藏目录上检索到所需图书后，可以点击每个馆藏项后出现的"发送短信"的链接，自助填写接收手机的号码，就能接受到该馆藏的题名、馆藏地、索书号等信息，以方便进入书库获取图书。

（三）个性化服务

个性化信息服务是指基于用户的信息使用行为、习惯、偏好和特点来向用户提供满足其各种个性化需求的服务。图书馆个性化服务是指图书馆在数字信息环境下，主要利用网络和信息技术，获取并分析各个用户的信息使用习惯偏好、背景和要求，从而为用户提供充分满足其个体信息需要的一种集成性信息服务，它的内容包括三个方面：一是服务内容的个性化，所提供的服务适合用户的个性化需要；二是服务时空的个性化，即在用户希望的时间和希望的地点得到服务；三是服务方式的个性化，能根据用户的个人爱好或特点开展服务。

在数字信息环境下，我的图书馆（My Library）是目前较为成熟的图书馆个性化服务系统，提供以图书馆信息资源为主的个性化服务功能，比如"我的常用数据库"、"我的搜索引擎"、"我定制的天气"、"今日新书推荐"、"我的参考论文"、"我的参考书架"、"我的收藏"、"我的爱好连接"等个性化服务模块，其目的是根据用户的需求特征，通过用户定制、系统推荐和推送功能，为用户提供个性化的信息服务。

图书馆信息化服务的个性化服务是指图书馆根据用户所持手机等移动终端的隐私性、身份可识别性，利用移动信息服务系统跟踪调查用户的信息行为特征，建立用户的信息需求与行为模型，面向用户的个性化需求提供有针对性的图书馆信息服务。与数字图书馆服务相比，一方面由于手机等移动终端具有与用户一一对应的绑定关系，并且可以实现"用户身份识别"和"位置跟踪"，极大方便了信息化服务提供满足用户的个性化需要的服务，比数字图书馆服务更有条件开展个性化服务；另一方面，由于手机等便携移动终端存在显示与处理能力的局限性，操作不方便等问题，信息化服务也更有压力需要开展个性化服务。

图书馆信息化服务的个性化服务包括个性化移动门户（入口）、个性化检索、个性化定制、个性化收藏等服务。不管是通过WAP、WEB还是客户端软件、微信，图书馆信息化服务入口的建设很关键。单纯的信息聚合或者检索将越来越难以满足用户的需求，用户需要更加智能的服务入口。图书馆移息服务可与数字图书馆的个性化服务相结合，记录和学习用户的信息需求与行为特征，通过智能处理，为用户提供个性化的内容入口及相应的检索、定制、收藏等服务，以书生移动图书馆为例，2010年6月，北京书生公司推出了"移动图书馆解决方案"，读者可统一搜索图书馆的资源，并可全文阅读。书生移动图书馆方案支持各类型的可上网手机，以及具有无线宽带（Wi-Fi）功能的MP4、电子书阅读器等手持终端设备，设计了一些个性化的服务。比如其中的"我的检索"会保留以往使用记录，当再次搜索时，不需要再进行输入，直接点上次的关键词即可进入；如果该条目下有新增内容，系统会主动标出，避免使用者重复工作。又如对于需要精读的文献可以加入个人的收藏或者发送到用户自己的邮箱。书生移动图书馆方案通过移动云计算技术使得每一个读者作为唯一身份认证，其搜索、收藏、最近浏览、预置检索等个性化服务不会随移动终端的更换和丢失而受影响。

目前国内外有一些图书馆开始通过开展"我的图书馆"服务来探索个性化信息化服务，比如韩国西江大学图书馆、上海图书馆、东莞图书馆、湖南理工学院图书馆、成都理工大学图书馆、四川大学图书馆、暨南大学图书馆等，主要服务内容包括个人信息、已借图书、到期信息、预约信息、业务定制、留言建议、邀请好友、挂失借书证等。

（四）互动性服务

图书馆2.0服务强调加强图书馆与用户、用户与用户之间的互动，用户由被动接受图书馆服务到主动参与到图书馆建设中，实现了图书馆与用户的双向交流与参与。包括博客（Blog）、维基（Wiki）、信息聚合（RSS）、社会性网络服务（SNS）等应用在内的图书馆2.0服务，既是一种新的服务技术和内容，也是一种新的服务策略。图书馆2.0是一种新的图书馆服务理念和服务运作方式。图书馆2.0是当前国内外图书馆服务的新趋势，很多图书馆都在推进图书馆2.0服务。手机等移动终端在互动交流方面具有天然的优势，图书馆应该在保持传统服务优势的基础上，搭建移动图书馆2.0服务平台（论坛、博客、微博、微信、即时通信、RSS，SNS等），加强图书馆与用户的互动，为图书馆用户与图书馆员之间、图书馆用户之间即时交流、学习、娱乐提供支持，提高用户对图书馆服务的满意度。而且，图书馆信息化服务能更有针对性地开展互动性服务，比如一名导师检索到某一文献，可以通过短信群发给自己的学生并添加按语，提示他们此文有价值、需精读等，也可以以实名或匿名方式推荐给更多人，帮助更多读者充分利用自己的"碎片"时间。国内目前图书馆大多开通了微博、微信，湖南理工学院图书馆在WAP服务上开通了"南湖论坛"和"南湖社区"，广东省立中山图书馆开通了基于WAP的"文献资源专题订阅"服务，金陵图书馆、北京航空航天大学图书馆开通了基于WAP的"读者荐购"服务，华东理工大学图书馆开通了基于WAP的"建议"服务。这些基于图书馆信息化服务平台的互动性服务深化了图书馆原有的服务，促进了图书馆服务的不断创新，使图书馆服务更贴近用户、更加便捷。

（五）统一服务

1.图书馆集成服务

信息集成服务强调通过有效整合机构或系统内信息资源，并针对用户需求，采用现代信息服务技术与方法，实现面向用户的图书馆各种信息服务功能的融合，使用户得到动态的，并在时间和空间上一致的面向主题的信息服务。图书馆集成服务主包括资源、服务、技术与机构的集成。图书馆信息服务的集成是以信息资源集成为基础，以统一的综合门户与应用为平台，为用户提供统一的门户服务，集用户认证、统一检索、信息导航、参考咨询、信息定制、信息交流等多种服务于一体。

　　由于手机浏览性能，输入效率较差，移动用户更习惯利用统一的入口进入各类内容页面，这就需要图书馆加强对馆藏资源和服务的整合，根据用户的需求特征将各种传统、数字化的内容加以整合，建立统一的图书馆信息化服务门户。同时，将图书馆和系统或数据库供应商的移动信息服务系统加以集成，形成统一的用户服务窗口。系统界面要简洁，操作要简便，交互要简易快捷，以方便用户利用。

　　2.多馆联合服务

　　在数字时代，单一图书馆仅利用本馆馆藏将不再能满足用户的信息需求，信息资源共享是时代的要求，馆际合作是实现资源共享的重要途径。图书馆联合服务是某一地区、某一类型或某一专业的一定数量的图书馆之间在自愿原则下开展馆际协作服务的一种形式。图书馆联合服务实现了多馆存取、远程网络传输、智能化检索、跨库无缝链接、跨越时空的信息服务，既能够为用户提供全方位、多层次、高质量的信息服务，也有助于馆际间用户的交流和互动。随着越来越多的图书馆陆续开展信息化服务，一些地区或行业的图书馆可以基于信息化服务平台联合开展服务，这样既可以降低建设成本，又可以将众多图书馆的移动信息服务加以整合，进一步丰富馆际合作，提升综合服务水平。

参考文献

[1] 图书馆管理与服务创新研究 [M].北京: 现代出版社.2019.

[2] 任杏莉著.图书馆管理与服务创新研究 [M].长春: 吉林科学技术出版社.2019.

[3] 高校图书馆管理与服务创新研究 [M].长春: 吉林人民出版社.2019.

[4] 数字图书馆管理与服务创新研究 [M].延吉: 延边大学出版社.2019.

[5] 曲凯歌著.图书馆服务创新与管理研究 [M].郑州大学出版社.2019.

[6] 杨琳著.高校图书馆管理与阅读服务模式创新 [M].长春: 吉林人民出版社.2019.

[7] 高校图书馆管理与阅读服务模式创新 [M].沈阳: 辽海出版社.2019.

[8] 当代图书馆资源管理与服务创新研究 [M].长春: 吉林文史出版社.2019.

[9] 袁萍著.图书馆管理策略与阅读服务创新研究 [M].辽海出版社.2019.

[10] 现代图书馆服务与管理创新研究 [M].吉林文史出版社.2019.

[11] 王晓平.图书馆资源管理模型的变革与实践 [J].大学图书馆学报, 2007, (1): 28-37.

[12] 刘迅, 王德安, 李保忠, 等.图书馆管理工作指南 [M].长春: 东北工学院出版社, 1993.

[13] 王学东.图书馆情报管理学概论 [M].北京: 中国商业出版社, 1990.

[14] 杜翠灵.如何构建图书馆全面质量管理体系 [J].赤峰学院学报（自然科学版）, 2014（09）: 125-126.

[15] 陈卫萍.构建高职图书馆全面质量管理体系的研究 [J].农业图书情报学刊, 2013（05）: 94-96.

[16] 于鸣镝.图书馆管理学纲要 [M].沈阳: 辽宁人民出版社, 1986.

[17] 罗曼.图书馆全面质量管理 [M].合肥: 安徽大学出版社, 2003.

[18] 吴建中.战略思考: 图书馆管理的10个热门话题 [M].上海: 上海科学技术文

献出版社, 2005.

[19]莎丽塔娜提·阿不都热依木.大学图书馆编目工作量化管理及其他的利与弊[J].教育教学论坛, 2015(12): 29-30.

[20]王德, 孙连军.图书馆体制改革与量化管理[J].长春理工大学学报(社会科学版), 2002(11): 74-77.